산림 숲
림 경 경
경 영 영
영

마상규 · 이강오 지음

푸른숲

"왜 이제야 왔는가?"

나무가 말을 걸어왔다. 40년 전 어느 봄에 심었던 나무들이다. 독일가문비, 구상나무, 전나무, 잣나무 등이 서로를 기대며 살고 있었다. 1976년 울주군 배네골에 조림 시험을 하기 위해 심은 나무들이다. 그때는 어린 묘목이라 서로 구분이 되지 않아 독일가문비, 구상나무, 전나무, 잣나무를 섞어 심었다. 흰 빛깔이 나는 수피를 가진 것은 구상나무고 매끈한 것은 독일가문비, 은백색은 전나무, 짙고 거친 수피는 잣나무다.

여러 수종이 오랫동안 함께 살아서인지 언뜻 보면 구분하기 힘들다. 헐벗은 산에 1년생 어린 묘목을 심고 떠나온 배네골의 숲이 이렇게 훌륭한 청년 숲으로 성장해 있을 줄은 몰랐다. 왜 이제야 찾아왔을까? 좀 더 일찍 와서 돌봐주고 함께했다면 지금보다 더 훌륭한 숲으로 성장했을 텐데, 그럼에도 잘 자라준 이 숲이 너무 감사하다. 눈물이 날 것만 같다.

인간은 혹시 숲에서 태어난 걸까? 전국적으로 귀산촌의 물결이 끊이지 않고 있다. 은퇴 후 할 일이 없어서가 아니다. 은퇴 후 인생 2막을 열기 위해서다. 산 좋고 물 좋은 곳에서 욕심 부리지 않고 자연을 벗 삼아 살고 싶은 것은 모든 이의 로망이다. 물론 도시가 훨씬 좋다는 사람들도 있지만 은퇴 후 귀산촌을 하고 싶은 꿈을 가진 사람들도 많다.

(사)생명의숲국민운동은 2016년부터 귀산촌 교육 프로그램을 진행하고 있다. 서울에서 매년 40명을 모집해 교육하는데 올해는 경쟁률이 열 배에 달한다. 산림청에 따르면 귀산촌 인구는 2015년 약 7만 명으로 전년도에 비해 10%가량 늘었다고 한다.

그중 대표적인 귀산촌 현장이 울산광역시 울주군 소호마을이다. 울산중공업과 자동차공장에서 평생 기름밥을 먹던 사람들이 은퇴하고 소호마을로 돌아오고 있다. 소위 베이비부머 세대라고 불리는 이들은 1950~60년대에 태어났다. 대부분 어린 시절을 시골에서 보내며 헐벗은 산에서 땔감을 마련하며 자랐다.

1970년부터 치산녹화 10개년 계획에 따라 전국적으로 조림 사업이 벌어졌다. 이들도 부모와 학교 선생님과 함께 어린나무 묘목을 한 다발 가지고 산에 올라 나무를 심었다. 시간은 빠르게 흘러 그들은 산촌을 떠났고, 그들이 심은 나무는 어느덧 그들의 키보다 훌쩍 높아졌다. 울산으로, 대구로, 부산으로 떠난 이들은 엔지니어가 되어 중공업과 자동차 산업의 노동자가 되었다. 이들을 떠나보낸 나무들은 폭풍우와 찌는 듯한 폭염을 견뎌내고 소년기를 지나 어엿한 청년 숲을 이루었다.

청운의 꿈을 안고 떠났던 소년들이 반백이 되어 돌아왔다. 부모와 함께 고사리 손으로 심었던 나무들을 떠났다가, 30~40년이 지나 돌아온 고향이다. 손가락 굵기만 한 어린 묘목들은 간데 없고 한 아름이나 되는 나무들이 빽빽하게 들어찬 숲을 바라보았다.

친구들도, 늙은 부모와 친척들도 떠나고 없지만, 숲은 그들을 기다리고 있었다. 오염된 도시에서 허리 휘어가며 일할 때, 맑은 공기를 만들어 머나먼 도시로 보내주던 고향의 숲이다. 하루 일을 마치고 포장마차에서 찐하게 한잔할 때, 고향의 숲은 머금은 빗물을 계곡물로 정화해 도시로 맑은 물을 보내주었다. 그들은 고향을 떠났지만, 숲은 그들을 잊지 않고 있었다.

나무가 말을 건넨다. "왜 이제야 왔는가?"

시기	산림개발	한국 경제	베이비부머
1950년대	산림파괴	전후복구	출생
1960년대	사방사업	1962년 울산산업단지 삽을 뜨다	어린 시절
1970년대	1차 치산녹화	경제개발	나무를 심다
1980년대	2차 치산녹화	올림픽	산업 역군이 되다
1990년대	산림휴양림	1만 불 시대 진입, IMF	내 집 마련
2000년대	숲 가꾸기 공공근로사업	IT산업 급성장	자녀 결혼
2010년대	산림복지	조선업, 중공업 도산	은퇴
2020년대	산림 경영 시대	4차 산업혁명 도래	귀산촌

2000년 즈음, 소호마을에 40대 부부가 들어왔다. 그들은 어릴 때부터 검고 쭈글쭈글한 피부에 일찍 흰머리가 생긴 탓에 나이 60도 되기 전에 할배, 할매라는 별명을 얻었다. 소호마을에는 아직 아이들이 남아 있어 다행히 폐교는 되지 않았지만 학교에 남은 아이들은 열 명 남짓이었다. 이웃 내와마을의 학교는 폐교되었는데 할배는 폐교를 인수해 자연체험학교를 만들었다. 울산의 도시 아이들에게 잠시라도 자연의 소중함을 느낄 수 있는 공간을 만들고 싶었다.

소식을 들은 사람들이 하나둘씩 모였고, 새로운 계획을 고민하기 시작했다. 하루 이틀 자연을 체험하는 프로그램이 아니라 아예 한 학기, 또는 1년 동안 아이들이 숲에서 살아갈 기회를 줄

수는 없을까? 소호분교도 곧 폐교될 위험이 있는데 이 작은 학교를 지킬 방법이 없을까?

그래서 시작된 일이 산촌 유학 프로그램이다. 지금은 산촌 유학 프로그램이 전국에 무려 35개나 있고 정부에서도 지원을 해 주지만, 그때만 해도 아무 지원이 없었고 방법도 몰랐다. 그래도 일본의 산촌 유학을 견학한 뒤 통 크게 일을 벌였다.

도시 학교에 적응하지 못한 아이들, 자녀의 어린 시절을 자연에서 누리게 하고 싶은 부모들이 찾아왔다. 제대로 된 시설도 없던 산촌마을 어르신들이나 아이를 하나만 키우던 주민들이 참여해 작은 방 하나를 내주고 손주처럼 돌봐주었다.

마을의 따뜻한 보살핌은 아이들에게 넓은 들과 깊은 숲과 정겨운 이웃이라는 새로운 경험을 안겨주었다. 서너 명으로 시작한 산촌 유학은 몇 년 만에 수십 명으로 늘어났고 이제는 아이들이 기숙할 수 있는 산촌유학센터도 생겼다. 산촌 유학을 보내던 부모 몇몇은 아예 소호마을에 정착했다.

은퇴하고 마을로 돌아온 부부도 있지만, 어린 자녀를 둔 가족 중에는 아빠는 도시에서 일을 하고 엄마만 아이들을 데리고 산촌으로 들어오는 사례도 있었다. 그러다 보니 동네에 할 일이 없는 젊은 엄마들이 늘어났다. 산나물도 모르고 흐드러지게 핀 꽃

소호마을에는 다양한 협동조합과 주민 공동체가 활동 중이다.

의 이름도 알 턱이 없었다. 궁금하게 여기는 젊은 엄마들을 대상
으로 자연스럽게 교육이 시작되었다. 알면 알수록 흥미로운 게
자연이다. 생강나무꽃과 목련꽃으로 꽃차도 만들었다.

　재미난 일들에 눈을 뜨면 일이 커지는 건 순식간이다. 덜컥 야
생화 꽃차 사업에 도전하기로 했다. 함께 모여 작업하고 공부하
고 꽃차도 마시고 판매도 할 수 있는 협동조합과 센터를 만들었
다. 아직 판매 수익이 많지는 않지만, 이들에게 큰 성취감을 주
고 있다.

　지난 10년 동안 젊은 사람들이 유입되면서 새로운 분위기가

만들어지자, 기존 주민들과 갈등이 생겨나기도 했다. '사촌이 논을 사면 배가 아프다'라는 말처럼 괜히 심술을 부리고, 방해하는 경우가 생겼다. 하지만 여러 사람들의 부단한 노력에 의해 새로 온 사람들은 토박이 주민들의 경험을 배우고, 토박이 주민들은 새로운 사람들의 아이디어를 빌리게 되었다. 판로가 막힌 절임 배추를 도시에서 온 사람들이 지인들에게 판매하고, 토박이 주민들은 수십 년간 몸에 익힌 숲과 농사에 관한 정보를 전수한다. 그러면서 주민들 사이에 하나씩 다리가 놓인다.

현대중공업에서 일하는 철수와 목수는 최근 소호마을 근처로 이사를 와서, 은퇴 후 삶을 준비하고 있다. 철수는 쇠를 잘 다루고 목수는 나무를 잘 다룬다. 철수는 기존에 쓰던 난로의 효율을 높일 수 있는 새로운 난로를 개발하고 있다. 거꾸로 타는 난로다. 기존 난로에 쓰이던 땔감을 1/3로 줄일 수 있는 획기적인 방법을 찾았다. '나는 난로다' 대회에 출품해 상도 받고 전국에 내로라하는 대안 기술자가 되어 명성을 쌓아가고 있다. 목수는 집을 짓는다. 값비싼 통나무집을 짓는 게 아니라, 그 지역 숲에서 생산한 나무로 작은 집을 짓는다. 한겨레신문과 작은집 짓기 워크숍도 열고 있다.

철수와 목수만 있는 게 아니다. 중공업과 자동차 공장에 다니

던 친구들은 기계를 다루는 데 익숙하고 어지간한 중장비 자격
증은 하나씩 가지고 있다. 이들이 모여 산림작업단을 꾸리고 있
다. 장비를 몰았던 A는 임도를 놓고 목재를 수확하는 대형 중장
비 기계를 다룰 수 있다. B는 기계톱과 예초기를 잘 다루고 C는
어린 시절 시골에서 자란 탓에 대부분의 나무를 알고 있다. D는
나무나 기계는 모르지만 사무직으로 오래 일해서 회계 처리와
자료 정리를 잘한다.

산촌을 떠난 지 30년, 다시 고향으로 돌아오니 울창한 숲이 기
다리고 있다. 평균 40년 정도 된 우리 숲은 아직 경제적 가치가
높지 않지만, 앞으로 몇 십 년만 더 돌보고 가꾼다면 독일 숲과
일본 숲이 부럽지 않을 것이다.

2014년에 현대중공업 노동조합연구소의 조사 결과, 중공업
노동자들은 전체 노동자보다 상대적으로 은퇴 준비가 되어 있
지 않았다. 은퇴 후를 차질 없이 준비한 비율이 노동자 평균 27%
인데 중공업 노동자들은 5.9%밖에 되지 않았다. 은퇴 후 일할 의
사가 있는 이들은 80.4%로 매우 높지만 은퇴 후 재취업 준비는
제대로 하지 않고 있는 것이다.

준비하지 않은 은퇴도 문제지만, 구조조정 충격은 더 심각하
다. 이들은 회사에 충성하며 평생 가족들을 위해 열심히 살아왔

다. 정년까지는 아직 시간이 있다고 준비를 미루다 은퇴가 코앞에 닥친 것이다. 앞으로 어떻게 살아야 할지 막막하니 불안과 초조함으로 우울증에 걸리는 이들도 많아지고 있다. 준비 없는 노후는 우리 사회에 노인 자살율 1위라는 불명예까지 안기고 있다. 소외된 계층일수록 심각할 수밖에 없다.

50대 후반에 은퇴를 강요당하는 중공업 노동자들은 울산에만 17만 5,000명이 있다. 대구의 50만 명, 부산의 60만 명도 비슷한 시기에 은퇴해야 한다. 더욱이 지금은 평균 수명이 길어져 은퇴하고도 30년은 더 살아야 한다.

1990년대에 일본에서 2억 엔을 가지고 은퇴한 노부부의 사례를 반면교사 삼아야 한다. 이들 부부는 은퇴를 설계하고 20년이 지나 80세가 되면서 세 가지 문제로 소위 '멘붕'에 빠졌다. 첫째, 부동산 거품이 빠지면서 자산 가치가 하락한 일이다. 둘째, 아내가 오랜 기간 암 투병을 하게 되었다. 셋째, 20년 전 예상했던 기대 수명이 훨씬 길어져 80세를 넘으니 모든 계획이 수포로 돌아갔다. 80세 이후의 삶이 막막할 수밖에 없었던 것이다.

우리는 일본의 경험을 되풀이할 수 없다. 정부 정책은 눈에 보이는 성과 위주여서 실효성이 떨어진다. 목마른 자가 스스로 우물을 파야 한다. 그래서 중공업 노동자들은 은퇴를 위한 협동조합을 만들고 있다. 회사는 결코 은퇴 후 삶을 지원해주지 않는다. 30년 동안 오로지 회사만 생각하고 일한 노동자들이 섭섭하고 분해도, 회사만 쳐다보고 있을 순 없다. 소호마을 귀산촌인들도 스스로 교육 프로그램을 만들고 귀산촌 현장교육을 진행하고 있다. 예비 은퇴자들의 자발적인 협동을 지원하기 위해 조선업 협동조합 지원센터도 만들고 있다. 조선업 구조조정으로 대량 실직 사태가 발생하고 자동차 산업에서도 정년퇴직자들이 쏟아 져나오고 있다.

뿐만 아니라 지역의 다른 업종에서도 베이비부머 세대의 은퇴가 예정되어 있다. 울산은 한때 우리나라 도시 중 가장 잘 사는 도시였다. 중공업이 호황일 때는 청년들로 넘쳐났고 고급 백화점에는 명품관이 즐비했다. 하지만 지금은 노인들로 넘쳐나고 있다. 그러다 보니 울산을 떠나는 사람들이 늘고 있다. 도시 은퇴자들은 할 일을 찾지 못해 동네 어린이공원을 기웃거린다. 어린이가 떠난 어린이공원을 노인들이 점령할 태세다.

협동조합 지원센터는 낮에는 퇴직자, 주부, 주민들을 교육하고 퇴직자들의 쉼터를 운영하다가, 저녁이면 퇴직 예정자들의 재교육장으로 활용된다. 협동조합을 만드는 일이 많이 어렵진 않지만 망하기도 쉽다. 베이비부머 세대는 평생 소통 교육을 제대로 받지 못했다. 조금 안다고 까불거나 기술 우월주위로 분위기를 망치는 경우가 많다. 나이 어린 사람들을 윽박지르고, 아무 생각 없이 툭툭 내뱉는 말로 상대방에게 상처를 주기 일쑤다. 차이를 인정하고 서로를 배려하는 훈련이 되어 있지 않다. 협동조합에서 가장 중요한 교육은 새로운 기술 습득이 아니라 소통이다. 그래도 지금 시작해야 먼 훗날에라도 협동과 공동체 생활이 가능해질 것이다.

협동조합 지원센터는 은퇴자들의 기본 소득권에도 관심을 두고 있다. 은퇴 후 받을 120~130만 원 수준의 연금은 기본 소득에 미치지 못하기 때문이다. 은퇴 후 연령대별로 적절한 수입이 필요하다.

은퇴 후 적절한 비용으로 품위 있는 생활을 할 수 있는 삶의 구조를 만드는 데도 관심을 가져야 한다. 퇴직 후 어설프게 귀산촌했다가 퇴직금을 홀랑 날리는 경우가 많다. 이들만 노리는 부동산업자들도 있을 정도다. 보통 전원생활을 꿈꾸는 사람들은 300평 정도의 토지를 사서 20~30평 규모의 집을 짓는다. 그리고 농사를 지어보겠다고 하우스를 짓거나 기계를 산다. 그렇게 3~4년 보내고 나면 빈털터리가 되기 쉽다.

협동조합에서는 여럿이 공동으로 토지를 매입하고 마을 입구에는 교육장, 식당, 손님을 위한 숙소 등 공유 공간을 충분히 지어 효율을 높이면서도 개인의 사생활을 보장할 수 있는 공동주택단지를 계획하고 있다. 되도록 작은집을 지어 에너지비용도 최소화해야 한다. 그래서 시작한 게 작은집 짓기 워크숍이다. 되도록 지역에서 생산된 목재와 흙으로 지어야 한다. 기본적으로 태양광, 태양열을 활용하고 화목난로를 보조 수단으로 사용한다.

2017년에는 조선업 노동자들을 대상으로 산촌·임업 창업반을 만들었다. 조선업에서 일하는 사람들은 상대적으로 협업에 익숙하고 손재주가 많다. 자동차업계는 자동화 시스템으로 일하다 보니 볼트너트 조립 같은 개인적이고 단순한 작업에 익숙하다. 물론 조선업에서 일하는 사람들도 배 전체를 보지는 못한다. 하지만 뱃머리를 만들기 위해 철판을 둥글게 휘는 일에는 고도의 기술과 감각, 그리고 협동심이 필요하다. 이들은 웬만하면 트럭이나 중장비를 다룰 줄도 안다. 이러한 경험이 산림 작업에도 유용할 것이다. 간벌을 하고 간벌목을 수집 장비로 끌어내리는 작업, 임도를 만들고 작업로를 닦는 일, 수집된 목재를 1차 가공하는 일 모두 작게는 세 명에서 많게는 열 명 내외의 팀워크가 필요하다.

은퇴 후 여럿이 함께 영남 알프스 자락의 시골 마을에 자리를 잡고, 손수 작은 집을 짓고, 연간 200일 정도는 숲에서 일하고 틈나는 대로 텃밭을 일구며 사는 삶이야말로 소박하면서도 의미 있는 인생 2막이 되지 않을까?

우리는 이곳에서 다시 시작해보려고 한다. 살아서는 국민의 재산, 죽어서는 산주의 재산으로 돌아가는 숲. 그 숲을 돌보며 인생 2막을 시작하고자 하는 울산 중공업 노동자들과, 아름답고 건강한 숲을 물려주고자 하는 전국의 213만 산주를 위해 지금까지의 숲 이야기를 바탕으로 미래를 계획하고자 한다.

국민들은 숲을 통해 공익적 혜택을 더 많이 얻고자 할 것이고,

산주는 더 많은 경제적 이익을 취하려 할 것이다.

살아서는 국민의 재산이요, 죽어서는 산주의 재산이 되는 숲.

서로의 가치가 조화를 이루며 지속적으로 발현되는 것이 곧

지속 가능한 산림 경영이다.

지속 가능한
산림경영 철학

1부

1장

살아서는 국민의 재산, 죽어서는 산주의 재산

임업은 자연이 키운 숲에서 목재를 채취하면서 시작되었다. 그러다 19세기 들어 자연 채취 방식보다 인공 조림 방식이 더 경제적이라는 생각이 퍼지면서 국가 차원에서 임업을 육성해왔다. 숲은 끊임없이 순환한다. 초지에서 어린나무 숲으로, 청년 숲에서 장년 숲으로, 그리고 다시 초지로 돌아간다. 이런 원리를 잘 활용해 항상 일정한 규모를 유지할 수 있도록 순환 구조를 짜는 것을 지속 가능한 임업^{보속생산 또는 지속 가능생산}이라 한다. 숲은 곧 자본이다. 숲이 충분히 성장해 정상적인 생산 구조를 갖춰야 산주[1]

---

[1] 산림을 법적으로 소유한 사람. 개인, 단체, 법인 등으로 구분하며 지자체와 중앙정부도 산주로 볼 수 있다. 2016년 기준으로 우리나라 산주는 대략 213만 명에 달한다.

들도 임업을 산업으로 경영할 수 있다. 온대지방에서 어린나무가 자라서 성숙한 나무가 되기까지 짧게는 20년, 길게는 100년이 넘게 걸린다. 좋은 숲이 있다고 일시에 베어 팔아버리면 이는 투기이지 산림[2] 경영이라 할 수 없다.

숲이 오랜 시간에 걸쳐 성장하는 동안 국민은 숲을 통해 생태적, 환경적, 문화적 혜택을 얻는다. 산림 자본의 이런 독특한 성격 때문에 전쟁이나 산불로 파괴된 숲에 나무를 새로 심고 육성해 지속적으로 생산이 가능한 틀을 마련할 때까지는 국가 차원의 재정 지원이 필요하다.

현재 우리나라는 일제강점기와 한국전쟁으로 황폐해진 산지[3]에 나무를 심어 육성하는 과정에 있다. 국가가 자본을 투자해 산림 자본을 천천히 축적해가고 있지만 임업 선진국인 독일처럼 숲이 자본으로서 가치를 발휘하려면 반세기가 더 필요하다.

---

2 일반적으로 높이가 3m 이상 되는 목본식물이 지배적으로 식생을 이룬 곳의 집합체를 말한다. 초지를 포함한 농지, 주택지, 도로, 기타 대통령령이 정하는 토지와 입목, 대나무는 산림에서 제외된다.

3 평야, 고원, 구릉에 비해 기복이 크고 경사가 가파르며 면적이 넓은 토지의 융기

**지속 가능한
산림 경영 철학**

국가가 산림 경영에 나서야 한다

개인이 소유한 사유림은 현행법상 산주 개인의 재산이다. 그러나 숲이 담당하는 경제적, 사회적, 생태적, 문화적 역할을 고려하면 국민 자산으로서의 가치가 훨씬 높다고 할 수 있다.

산림청에 따르면 산림의 공익적 가치는 연간 130조 원에 달한다. 반면 목재로서의 물질적 가치는 현재 시가인 $1m^3$당 10만 원을 기준으로 연간 4조 원에 불과하다. 당장 4조 원을 얻고자 목재의 물질적 가치에만 집중하면, 매년 130조 원을 손해 보는 셈이다. 더욱이 현재 시장 가치로는 4조 원에 불과하지만, 숲은 매년 성장하니 물질적 가치 역시 시간이 갈수록 더 커질 것이다. 우리나라의 입목생장량立木生長量은 연간 4,000만m^3다. 생각해보라. 1m x 1m x 1m의 목재가 매년 4,000만 개씩 쌓여간다. 생장량 일부를 공업 원료로 지속적으로 공급하면 연관 산업 및 바이오 에너지 산업 발전에 기여하게 된다.

그뿐만 아니라 숲은 수많은 이들에게 일터이자 삶터를 제공한다. 숲의 기능을 좀 더 세분하면 생태적 기능, 경관적·문화적 기능, 경제적 기능, 사회적 기능으로 나눌 수 있다.

숲은 생태적으로 ❶ 다양한 생명체가 살아가고 ❷ 다양한 유전 자원이 풍부하며 ❸ 맑은 물을 공급하고 ❹ 토양을 보호한다. ❺ 미세먼지와 오염 물질을 걸러내고, ❻ 바람과 소음의 피해를 막아주는 등 생활환경을 조절하고 ❼ 산사태 같은 재난을 억제한다.

숲은 문화적으로 ❶ 아름다운 경관을 제공하고 ❷ 휴양과 치유의 터전이 되며 ❸ 예술 활동의 소재가 된다. ❹ 죽어서 돌아가는 음택陰宅을 제공하며 ❺ 생태교육 및 운동 공간이 되어준다.

경제적으로는 ❶ 국가에 필요한 원료를 제공하고 ❷ 국가와 국민의 재산이 되며 ❸ 산주에게는 소득원을 제공한다.

사회적으로는 ❶ 국민에게 일터를 제공하고 ❷ 산촌 주민들에게 에너지를 공급하며 ❸ 식량과 약재를 채집할 기회를 준다. ❹ 특히 도시의 숲은 마을 공동체를 회복하는 공간으로 활용되는 등 다양한 사회활동에 도움을 준다.

이처럼 숲이 가진 공익적 가치와 사회경제적 가치를 고려할 때, 산림은 일반 시장 원리에 따른 자본주의적 관점이 아니라 사회적 자본의 관점으로 경영해야 할 대상이다. 산림은 살아 있을 때는 국민 모두의 자본이 되고 죽어서는 산주 개인의 자산이 된다. 그렇다면 산림 경영은 누가 주도해야 하겠는가? 국가? 산주? 아니면 국민?

산림 정책이란 결국 국민과 산주들이 산지, 산림, 산촌을 통해 산림이 주는 혜택을 가능한 많이, 가능한 공평하게, 가능한 합리적으로, 그리고 가능한 지속적으로 관리하는 일이다. 각자의 위치에 따른 역할은 모두 다르다.

정부는 산지를 분석하고, 산림의 시공간을 진단해서 계획하고 관리해야 한다. 중앙 정부는 이 일을 위해 법과 제도를 만들고 지방 정부는 이를 실현할 수 있는 조직을 만들어야 한다. 산림 생산물의 산업적 가치를 높이기 위해 1차 가공에 해당하는 조재와 제재[4], 칠 가공, 부산물의 상품화와 임산물의 유통을 관리하는 것도 산림 정책의 중요한 부분이다.

따라서 산림 정책에는 경영 조직과 경영 지원 제도를 마련하는 일이 포함되어야 한다. 산림이 정상적인 기능을 발휘하려면 계획 편성, 모니터링, 임업 기술 및 장비 지원, 임산물의 생산 유통, 종자 보전 및 공급, 경영 인력 양성을 위한 교육 훈련 지원 조직 등이 필요하다. 이 외에도 산주 단체, 시민 단체, 노동 지원 단체 등 협력 단체들이 경영에 참여해 공동 발전을 꾀하는 프로그램을 개발하고 운영해야 한다.

앞서 이야기한 산림의 기능은 숲이 우리 사회에 주는 이로움을 큰 틀에서 정리한 것이다. 이를 산림 경영의 관점에서 정리하

---

4 조재는 임목을 운반하기 쉽도록 일정한 길이로 절단하는 작업. 제재는 조재된 원목을 판재나 각재로 가공하는 것을 말한다.

단일 기능별 산림 분류체계		
❶ 경제림	경제수 경영림	목재 생산림, 바이오매스[5] 생산림, 산림과 과수 생산림, 특용수 생산림
	산림 복합 경영림	목재와 함께 버섯, 산나물, 약초 생산
	단기 소득 경영림	산나물, 약초, 약재 등 재배
❷ 생태 보호림	자연 보호림, 유전 자원 보호림	
	수자원 보호림, 산사태 예방림, 도로 보안림	
	방풍림, 방음림, 방진 등 생활 보호림	
	공원림 등	
❸ 경관문화림	경관 보호림(도로변, 관광지, 마을, 도시림 등)	
	휴양치유림	
	산간정원림(수목장, 임간정원)	
	교육연구림	
	스포츠림 등	
산림 기능 종합 관리 분류 체계		
① 목재 등 임산물 생산림(임산물로 생산 가능한 숲)		
② 임산물 생산 불가능림(보호를 위해 생산이 제한된 산림)		
③ 비경제림(경제성이 낮아 자연 방임하는 산림)		

면 위와 같이 구분할 수 있다.

---

5 목재를 연료용재나 펄프용재로 사용할 때 측정하는 단위. 줄기, 가지, 잎, 뿌리 등 나무의 모든 물질을 무게로 표시하는 방법이다.

**지속 가능한
산림 경영 철학**

산주는 국민의 재산인 숲을 관리하는 책임을 지는 동시에 숲에서 적절한 소득을 올려야 지속적으로 그 책임을 다할 수 있다. 하지만 안타깝게도 현실은 그렇지 못하다. 단순하게 생각하면 목재 수확으로 산주가 얻을 소득은 판매비에서 생산비를 뺀 값이 된다. 임업은 농업처럼 산주의 노동력으로 충당할 수 있는 일이 아니기 때문에 인건비가 생산비의 대부분을 차지한다. 사람을 고용하면 소득률이 낮아질 수밖에 없다.

40년 된 숲 1헥타르를 벌채할 때 산주에게 돌아가는 소득은 고작 100~200만 원에 지나지 않는다. 소득률이 10% 남짓이다. 그런데 만약 효율적인 경영을 통해 소득률을 30%까지 높일 수 있다면 213만 산주는 연간 1조 2,000억 원의 소득을 올릴 수 있다. 물론 지속 가능한 산림 경영이 이루어졌을 때 얘기다. 아직은 희망사항에 불과하다.

만약 산주가 개인 재산이라는 이유로 숲에 있는 나무를 멋대로 베어버린다면, 숲에 의지해서 살아가는 지역 주민들은 낭패를 볼 수밖에 없다. 나아가 전체 산림 면적의 67%를 차지하는 사유림의 산주들이 일시에 모든 숲의 나무를 베어버리면, 국민은 휴양의 기회를 상실할 뿐 아니라 엄청난 환경 피해를 입게 된다. 이는 국가적으로 큰 위기가 아닐 수 없다.

산림 정책은 산림의 기능을 관리하기 위해 존재하고, 산림 행정은 이 기능이 잘 유지·관리될 수 있도록 조정하는 역할을 한다. 산림 경영의 목적은 산림의 기능을 지속 가능하게 만드는 동시에 생산성을 최대화하는 것이다. 큰 틀에서 공간을 계획해 산림의 기능을 관리하는 일은 정부의 몫이다.

숲은 다양한 공익적 가치를 제공할 뿐 아니라 산업 원료와 일터를 제공하므로 산주 개인의 재산인 동시에 국민의 재산이다. 그래서 숲은 산주와 국민이 공동으로 경영해야 하는 사회 자본이다. 살아서는 국민의 재산, 죽어서는 산주의 재산이 되는 숲. 그 숲을 모두에게 이익이 되는 방향으로 관리하는 일을 우리는 '지속 가능한 산림 경영'이라 부른다. 지속 가능한 산림 경영의 틀을 만드는 일은 이 시대에 참으로 가치 있는 일 중 하나임에 분명하다. 이러한 철학을 바탕으로 산림 정책을 세우고 사회적 합의를 이끌어내야 한다. 국토의 65%가 숲인 나라에서 사는 우리 세대와 미래 세대의 삶터를 위해 꼭 필요한 일이다.

평창 국민의 숲 특수 조림지

2장

숲은 국민의 일터다

직업 훈련의 목적은 노동자에게 필요한 정보, 기술, 지식을 제공함으로써 전문 직업인을 양성하는 데 있다. 산림업에 종사하는 이들은 숲을 조성하고 키우고 보호하는 한편 목재를 생산하고 가공한다. 이 중 숲을 키우는 일을 통틀어 '숲 가꾸기'라 부른다.

숲 가꾸기는 숲이 자라면서 좁아진 나무 간의 거리를 넓혀주는 일, 즉 나무들이 탄소 동화 작용을 하면서 제대로 생육할 공간을 만들어주는 일을 가리킨다. 나무가 정상적으로 생육하려면 자기 키만큼의 생육 공간이 필요하다. 높이 1미터짜리 나무에게는 1제곱미터의 생육 공간이 필요하다. 1헥타르는 1만 제곱미터이므로 1헥타르에서는 1미터짜리 나무 1만 그루가 자랄 수 있

37

다. 따라서 숲이 1헥타르라고 가정할 때, 1미터짜리 나무가 자라서 10미터가 되면 1,000그루, 20미터가 되면 500그루가 생육할 수 있게 만들어주는 것이 바로 숲 가꾸기다. 그러므로 나무 크기에 따라 숲을 가꾸는 기술도 달라진다.

숲은 일생 동안 조림지에서 5회, 어린 나무 2회, 큰 나무 3회 등 10회 정도의 숲 가꾸기 작업을 거친다. 그리고 여기에는 1헥타르당 80여 명의 인력이 필요하다. 벌채 주기를 80년으로 가정하면 연간 1헥타르당 한 명, 전국적으로는 6만 명의 노동력이 필요한 셈이다.

따라서 숲을 정상적으로 경영할 경우 산림은 커다란 일터가 된다. 물론 숲을 정상적으로 경영하지 않고 방치하는 경우에도 자연 상태에서 탄소 동화 작용을 통해 목재와 기타 부산물을 생산할 수는 있다. 그러나 숲의 경제적 가치가 크게 감소할 뿐 아니라, 일터로서의 사회적 가치 역시 사라지고 만다. 숲을 가꾸는 목적은 숲이 건강하고 활력 있게 자라도록 돕는 동시에 숲의 형질을 개선해 경제적 가치를 높이기 위함이다.

1997년, IMF 위기로 많은 공장과 기업이 문을 닫으면서 실업자가 속출하는 바람에 사회적으로 큰 문제가 되었다. 당시 나는 숲 가꾸기 사업에 실직자를 고용하는 방안을 정리해서 고故 이

보식 산림청장에게 보냈다. "외국에서 전쟁 후 귀향한 군인들에게 일자리를 제공하기 위해 조림이나 숲 가꾸기 일터를 제공했던 것처럼, 한국의 숲이 아직 20~30년 이내의 어린 숲이므로 일터로 제공하기 적합하다"라는 내용이었다.

1998년에 시작한 이 사업은 여전히 진행 중이다. 실업률이 가장 높았던 이 시기에 산림업에서 고용한 연간 최대 인력은 무려 10만 명에 달했다. 탄광이 문을 닫고 건설 현장에서 장비들이 작동을 멈추자 일자리를 잃은 수많은 노동자가 일터를 찾아 숲으로 왔다. 그 결과 1970~1980년에 조림된 나무들이 오랜만에 돌봄을 받았다. 실직자들 역시 숲에서 치유를 받았다. 그때 고용된 10만 명 중 약 2만 명이 지금도 숲에 남아 있다.

이유와 과정이 어찌되었든 숲 가꾸기 사업은 국가에서 시행하는 공공근로사업으로 채택되어 일자리를 잃은 국민들에게 일터를 제공하는 동시에 산림의 사회적 기능을 알리고 확대해나가는 기회가 되었다. 그리고 이 사업은 20년이 지난 지금도 계속되고 있다.

숲 가꾸기 공공근로사업이 실업률 감소를 위한 국가 사업으로 채택된 배경은 나중에 김성훈 전前 농림부 장관에게 들었다. "산림청에서 제안한 숲 가꾸기 사업을 노동부에서 채택하지 않아 추진하기가 매우 불확실했는데, 국무회의 자리에서 대통령에게 당위성을 설명했더니 김대중 대통령이 받아들여 시행되었다"고 했다. 당시 김성훈 장관에게 숲에 대한 이해가 없었거나 의지가 부족했다면, 산림이 사회적 기능을 발휘하는 데 훨씬 더 오랜 시간이 필요했을 것이다. 어쩌면 지금도 그 기능을 제대로 발휘하지 못했을지도 모른다.

산림과 같은 자연 자본을 정상적인 시장경제의 자본으로 관리하는 것은 쉬운 일이 아니다. 국가와 시민사회가 장기적으로 투자할 때 비로소 가능하다. IMF 사태는 경제적으로는 불행한 사건이었으나, 일자리 창출이라는 산림의 사회적 기능을 알리는 데 크게 기여했다는 점에서 산림 역사에 오래 기록될 것이다.

IMF 위기가 한국을 뒤덮은 지 20년이 지났다. 지금은 그때와 상황이 크게 달라졌다. 20년 전에는 일시적인 경기 침체와 실업이 문제였다면, 지금은 저성장 시대와 4차 산업혁명으로 기존 산업의 존재 자체가 위협받고 있다. 1997년 당시에 건설업과 탄광업 종사자가 숲에서 희망을 일구었다면, 지금은 1980~1990년대 산업 역군으로 일했던 베이비붐 세대 은퇴자들과 청년들이 숲에서 새로운 삶을 꿈꾸고 있다.

지속 가능한
산림 경영 철학

	1997년	2017년
경제	일시적 경기 침체	저성장 시대
사회	100만 실업	베이비붐 세대 은퇴+청년 실업
문화	국가 공동체	개인적 삶의 가치
정치	지방자치 시작	지방 분권의 구체화

산림 경영 노동자들의 현실

산림 경영 노동자들은 '지식과 기술을 갖춘 기술자'와 '기능을 갖춘 작업자'로 구분된다. 이 중에는 정책 집행과 행정 지원에 종사하는 공무원들과 정부 사업을 관리하는 공조직에 소속된 전문 인력도 있고, 산림 기술사 사무소나 엔지니어링 회사 또는 산림 사업체 등 사조직에 고용된 인력도 있다.

한국의 고용 형태는 일본과 아주 흡사하다. 산림 행정이나 정책 지원, 산림 사업을 담당하는 조직만 있지 산림 경영을 담당하는 조직이 발달하지 못했다. 그러다 보니 고용 환경이 매우 열악하다. 산림 경영을 하는 이유는 산림의 다양한 기능을 유지하고 그 가치를 드높이는 동시에 투자 효율을 높여서 생산성을 증대하는 것이다. 행정 중심의 조직은 가치 있는 숲을 만들지 못하고, 가치가 낮은 숲은 수익성이 떨어져 좋은 인력을 유인하지 못하는 악순환이 되풀이된다.

산림 경영 기술자도 부족하지만 현장에서 일하는 산림 작업자들의 처지는 더욱 열악하다. 국유림과 사유림을 막론하고 산림 사업에 종사하는 작업자는 2만 명에 달하는 것으로 추정되나, 안정된 직장은 되지 못해 철 따라 일감 따라 움직이는 막노동자와 다를 바가 없다.

따라서 경쟁력 있는 산림 경영을 위해서는 산림의 공익적 기능을 공조직 중심으로 관리하도록 체질을 바꿔야 한다. 지금처럼 사조직에 맡겨두는 것은 공익성, 생산성, 지속성 측면에서 문제가 많다. 앞으로 정상적인 산림 경영을 하려면 경영 관리에 종사할 기술자와 경영 지원에 종사할 기술자가 얼마나 필요한지 추정하고 대책을 세워나가야 한다. 고용 규모는 산림의 생산성과 목재의 공급량에 따라 결정해야 한다.

산림 경영기술자 한 명을 고용해 연봉 5,000만 원을 지급한다고 가정할 때 이 금액을 목재 생산량으로 환산하면 연간 $5,000\,m^3$가 필요하다. 연간 $5,000\,m^3$를 생산해 공급하려면 1,000헥타르의 산림이 필요하다. 즉, 1,000헥타르당 경영기술자 한 명을 고정 배치할 수 있다. 630만 헥타르에 달하는 국가 전체 산림을 경영하려면, 국립공원 등을 제외하더라도 6,000여 명의 전문 경영자가 필요한 셈이다. 이에 더해 경영 계획 편성, 임업 기계 장비 및 기술 지원, 경영 행정 지원, 교육 훈련 등에도 6,000여 명의 전문 인력이 필요할 것으로 추정할 수 있다.

외국의 경우, 산림 기술자를 고용하는 규모는 1,000헥타르당 2.0~2.2명이라는 통계가 있다. 독일이나 오스트리아를 보면 산림 경영자 한 명이 책임지는 면적은 평균 1,000헥타르다. 이들은 자원 조성과 산림 생산 및 서비스 관리까지 경영구별로 전담해서 경영한다.

우리나라는 유럽과 같은 책임 경영 조직이 아니라 기능별 관리 조직으로 구성되어 있다. 어느 조직이 더 합리적인지는 정치 및 사회 환경에 따라 다르겠지만, 우리나라 정부 조직이 공간이나 대상을 경영하는 관점보다는 법과 제도에 따라 행정을 집행하는 데 집중한다는 점에서 비교·검토가 필요하다. 산림 경영 기술자의 고용 규모는 이들의 업무량에 의해 결정되기 때문이다.

숲을 가꾸는 일은 현장에서 삽과 톱을 들고 일하는 사람에게 달려 있다. 정상적인 경영 계획을 세운다면 산림 작업자에 대한 10년 고용 계획을 수립해야 한다. 그래야 좋은 인력이 안정적이고 지속적인 고용 환경에서 좋은 숲을 가꾸어나갈 수 있다.

만약 우리 숲을 체계적으로 관리하고 경영한다면, 얼마나 많은 산림 작업자를 고용할 수 있을까? 고용 잠재력을 계산하는 방법은 목재 생산의 경제적 관점에서 접근하는 것이 바람직하다. 숲 가꾸기 공공근로사업처럼 공익적 차원에서만 숲을 관리한다면 지속성을 담보할 수 없기 때문이다.

6만 6,000명의 일터가 된다

온대지방의 평균 재적 성장량은 6 m^3/ha이다. 이 중 50%는 생산하고 50%를 저축한다면, 연간 목재 공급량은 최소 2.5 m^3/ha[6] 수준이다. 따라서 1,000헥타르의 산림을 경영할 때 목재 공급량은 2,500 m^3/년으로 계획할 수 있다.

숙련된 기계화 생산을 가정하면 1인당 노동 생산성은 연간 500 m^3다. 노동자 한 사람이 한 해에 200일간 고용되어 1일 평균 2.5 m^3을 생산한다고 가정했을 때다. 현재 간벌과 수종 갱신이 필요한 우리나라 전체 숲의 연간 생산 잠재력은 3,000만 m^3로 추정된다. 산림 작업자 6만 명의 일터를 마련할 수 있는 것이다.

또한 간벌과 수종 갱신을 통한 목재 생산 산업에는 전문 인력이 필요하다. 작업자 기능 인력의 10% 수준이니 열 명당 한 명이 필요하다. 따라서 이 또한 6,000명 상시 고용이 가능한 일터다.

생산된 목재는 운송과 재제 과정을 거치거나 펄프, 칩, 목질

---

6 50%라면 3 m^3을 생산할 수 있지만, 산지의 특성상 보수적으로 계산해 2.5 m^3으로 잡았다.

에너지, 퇴비와 같은 원료로 가공되고, 목건축과 목가공 및 조경 시설로도 가공된다. 독일의 경우 이들의 고용 규모가 목재 생산업의 4배에 달한다.

이 밖에도 30년 동안 매년 10만 헥타르의 조림이 필요하고, 관련 양묘 산업이 육성되고 풀베기, 어린나무 가꾸기[7] 등의 새로운 숲 가꾸기 사업에 인력이 필요하다.

그렇다면 연간 예산은 얼마나 필요할까? 인건비만 고려해서 단순 계산하면 2조 4,000억 원 정도가 필요하다. 일반 산림 작업자의 인건비를 연간 3,000만 원으로, 기술인 인건비를 연간 4,000만 원으로 가정할 때 6만 명의 기능 인력과 6,000명의 기술 인력을 고용할 수 있는 예산이다. 앞에서 설명했던, 생산된 목재의 시장가 3조 원보다는 적다.

그러면 그동안 산업화가 이루어지지 못한 이유는 뭘까? 첫 번째 이유는 황폐한 산림을 녹화하고 자원을 육성 보호하는 데 치중하느라 임업을 육성할 기회가 없었기 때문이다.

하지만 이제는 우리 숲의 평균 나이가 40년으로 산업화로 진

---

7 임지에 있는 어린나무를 잘 자라게 하는 작업. 수고가 4미터 이내인 숲 조성 단계와, 수고 10미터 내외인 밀도관리 단계로 구분한다.

45

입하는 길목에 서 있다. 두 번째 이유는 산림 산업화를 산주에게
만 맡겨두고 국가가 나서지 않았기 때문이다. 규모의 경제가 필
요한 산림 경영을 전담하기에 산주들은 너무 영세하다. 그래서
협동·협업 경영이 필요하다. 다행히 최근 소규모 산주들 사이에
서 산림에 대한 관심이 크게 늘고 있다. 세 번째 이유는 산림 경
영을 위한 기반 시설을 확충하지 못했기 때문이다. 임도도 부족
하고 기계화도 이루어지지 않았다.

네 번째 이유는 이용 계획이 없었기 때문이다. 아마도 이것이
가장 중요한 이유일 것이다. 목재 생산에서 이용 산업까지 연계
된 시스템이 있어야 산에서 생산된 목재가 버려지지 않고 유용
하게 활용될 수 있다. 다섯 번째 이유는 이 모든 것을 이끌어낼
산림 경영 철학과 국민적 공감대가 없었기 때문이다.

그러나 아직 늦지 않았다. 아니 오히려 지금이 최적기다. 40년
전 나무를 심고 떠났던 베이비붐 세대가 다시 숲으로 돌아오고
있다. 향후 30년간 건강한 노동을 하며 자연을 벗 삼아 살아갈
터전이 이들에게 필요하다. 30년이 지나면 다음 세대들은 산림
이라는 든든한 국민적 자산을 얻게 될 것이다. 그것도 한번 쓰고
버리는 자원이 아니라 지속 가능한 자산 말이다.

숲은 국민의 일터다. 살아서는 국민의 재산이고 죽어서는 산

1998년부터 5년간 진행된 숲 가꾸기 공공근로 사업. 실업자 1,500여만 명을
고용해 44만 헥타르의 숲을 가꾸었다.

주의 재산으로 돌아가는 나무를 돌보는 일은 지금 우리 세대뿐만 아니라 미래 세대에 더 큰 일터를 만들어줄 것이다.

**지속 가능한
산림 경영 철학**

3장   숲 규모의 경제가
필요하다

산주는 많고 산주가 소유한 사유림의 규모는 영세한 탓에 사유림 관리가 산림 정책의 핵심을 이루는 사례는 우리나라뿐 아니라 여러 나라의 공통된 현상이다. 그러나 사유림 관리를 위한 경영 조직은 나라마다 다양한 형태를 띤다.

우리나라의 경우 630만 헥타르의 산림 중 67%가 개인이나 단체가 소유한 사유림이고, 33%만 국가와 지방정부가 소유한 국·공유림이다. 사유림 67%의 1인당 평균 면적은 2.2헥타르에 불과하다. 40년 키운 1헥타르의 숲을 모두 벌채할 때 산주의 수입이 100~200만 원이니, 이 정도 수입을 목표로 40년간 숲을 경영한다는 것은 불가능에 가깝다. 국·공유림도 대단지로 모여 있는 경우가 많지 않아 어려움이 있다.

규모가 작으면 산주 스스로 경영할 수가 없다. 그러면 산림 경영이 가능한 적정 규모는 어느 정도일까? 학자마다 주장이 다르지만, 산림 경영이 지속 가능하려면 무엇보다 산림이 지속 가능한 일터여야 한다. 그러니 먼저 고용의 관점에서 정리해보자.

산림을 경영할 수 있는 최소 규모

독일과 같은 임업 선진국의 사례를 볼 때, 산림 노동자 한 명의 전업 일터로는 평균 200헥타르가 있어야 하고, 산림 경영자 한 명의 일터로는 500헥타르 이상이 있어야 한다.

산 1헥타르에 나무를 심고 최종 수확할 때까지 필요한 노동력은 약 200명이다. 이 말을 거꾸로 하면 한 명을 연중 200일 고용하는 직장이 되려면 평균 200헥타르가 있어야 한다는 뜻이다. 산림 경영자의 경우 연간 5,000m^3 이상의 목재를 지속적으로 생산할 수 있는 규모를 갖추어야 기업적 측면에서 고용이 가능하다. 토지 생산력이 높아 연평균 생장량이 10m^3/ha 이상인 경우 500헥타르가 필요하고, 토지 생산력이 중간 정도인 경우, 즉 연평균 5m^3/ha을 생산할 수 있으려면 1,000헥타르당 한 명의 경영 기술자를 배치해야 정상적으로 경영할 수 있다.

만약 아직 산림이 지속적인 생산 구조를 갖추지 못한 경우, 즉 숲 관리만 있고 생산이 없다면 관리 면적이 두 배가 되어야 기업적 계산으로 타당성이 있다. 따라서 400헥타르당 한 명의 노동자, 2,000헥타르당 경영자 한 명의 비율로 고용하는 것이 합리적일 것이다.

산업화 초기 단계인 우리 숲이 나아갈 방향

우리나라 숲의 나이는 40년 내외로 주요 수종별로 보면 강원도 소나무의 평균 축적이 헥타르당 225m^3로 가장 높다. 평균 축적이 가장 낮은 수종은 중부 지역 소나무와 참나무류다. 이들은 아직 150m^3 전후다. 목재 산업화의 관점에서 볼 때 우리 숲은 산업화 초기 단계로 볼 수 있다.

수종	축적(40년생, 단위 m³)	비고
강원도 소나무	225	산림과학원 수확표[8], 지위급 참조
중부지방 소나무	153	
잣나무	218	중간급의 주임분 재적임
낙엽송	262	
참나무	156	

목재 산업화 단계에 진입 중인 우리 숲에는 한 가지 심각한 문

8 숲을 이상적으로 경영할 수 있는 표준 관리지침. 수확표는 5년 단위로 단위면적당 간벌량과 임목량을 설명하고 있어서 산지생산 등급별로 본수관리나 재적관리를 할 수 있다.

제가 있다. 다양한 연령대를 이루지 못하고 40년생에 집중되어 있다는 점이다. 또한 1970년대에 아무 계획 없이 조림이 이뤄진 탓에 숲의 형질이 나쁜 곳이 많다.

따라서 우리 숲의 약 50%는 간벌을 통해 고부가가치를 생산하는 목재 생산림으로 키우고, 50%는 수종을 정비하고 조림을 통해서 지속 생산림으로 구조를 개선해나가야 한다. 이런 작업을 앞으로 30~40년은 계속해야 이상적인 숲을 만날 수 있다.

이 기간에 간벌과 수종 갱신을 통해 생산되는 목재를 최대한 활용해 목재 산업을 활성화하고, 지속적인 조림을 통해 부가가치가 높은 생명 자원으로 만들어가야 한다. 그래야 국토의 2/3이자 630만 헥타르에 달하는 우리 숲이 멀지 않은 미래에 안정적인 목재를 생산하고, 맑은 물과 산소를 지속적으로 공급하고, 국민에게 휴식처를 제공하고, 수십만 명이 일할 수 있는 터전으로 자리 잡을 수 있다.

우리 목재의 생산 잠재력

간벌을 통한 연간 목재 생산 잠재력은 약 1,500만m^3이다. 간벌 대상 면적을 전체 산림의 50%로 잡고 사업 기간을 10년이라고 할 때, 간벌량을 보통 재적의 1/3로 놓으면 다음과 같이 계산할 수 있다.

지속 가능한
산림 경영 철학

연간 간벌 사업 면적 30만 ha(=300만 ha÷10년)×ha당
간벌 생산 재적(=150㎥×1/3)=1,500만㎥/1년

간벌은 1회에 그치지 않고 10년 단위로 반복하므로 향후 20~30년 동안 목재 생산이 가능하다.

수종 갱신의 대상 면적을 산림 경영 대상 600만 헥타르 중 50%인 300만 헥타르라 가정하고 전체 숲의 평균 벌채 나이를 70년으로 가정하면, 현재 평균 나이가 40년이므로 수종 갱신 사업 기간은 30년 정도 소요된다. 300만 헥타르를 30년으로 나누면 연간 약 10만 헥타르다. 대부분 수종 갱신 대상지는 소나무류와 참나무류 숲이므로 이들의 평균 재적인 $150\,m^3$/ha를 곱하면 연간 1,500만m^3의 생산 잠재력이 있다.

연간 수종 갱신 사업물량 10만 ha(300만 ha÷30년)×ha당
목재 생산량 150㎥=1,500만㎥

따라서 간벌과 수종 갱신을 통한 연간 목재 생산량은 3,000만 m^3으로 추정할 수 있다. 현재의 시장 가치인 10만 원/m^3을 적용하면, 생산된 목재는 매년 3조 원에 달할 것이다.

살펴보았듯 지금 우리나라의 숲은 평균 나이 40년으로 간벌기間伐期에 해당하므로, 지속 생산을 고려할 때 고용 규모를 정상적인 수준의 70%로 계획하는 것도 가능할 것이다. 즉, 산림 노동자는 285헥타르당 한 명, 산림경영자는 1,400헥타르당 한 명의 비율로 인력을 조직할 수 있다는 뜻이다. 이처럼 산림 경영 관리를 체계화하기 위해서는 사업량을 기준으로 1인당 책임 경영 규모를 정하는 것이 바람직하다.

산림 경영자 한 명이 관리할 수 있는 평균 면적은 1,000헥타르이고 고용 가능한 평균 노동 인력은 다섯 명이다. 일반적인 인간의 지휘·관리 능력을 감안할 때 관리자와 노동자의 비율은 1:5가 적절하다. 경영 관리자 한 명당 다섯 명의 산림 노동자를 고용하고 관리하는 조직이 타당하다고 할 수 있다.

산림 경영자를 관리하는 차상위 조직도 마찬가지다. 고급 산림 경영자 한 명이 관리할 수 있는 평균 면적은 5,000헥타르이고 고급 산림 경영자 한 명은 다섯 명의 경영자를 관리할 수 있다. 정리하자면 5,000헥타르의 경영 단지에는 상위 의사결정을 하는 경영기술자 한 명과 산림 작업을 관리하는 경영자 다섯 명으로 구성된 여섯 명의 기술자 조직이 필요하다는 뜻이다.

현재 한국의 산림은 경영 기반이 조성되지 않고 지속 가능한

지속 가능한
산림 경영 철학

생산 구조가 갖춰지지 않아서 목재 공급 능력을 비롯한 숲의 생산력이 저조한 상태다. 따라서 산림 경영자 한 명이 관리할 경영 단지의 규모는 2,000헥타르, 차상위 조직이 관리할 경영 단지 규모는 1만 헥타르가 적절하지 않을까 싶다.

한국에는 전문적인 산림 경영 조직이 없다

현재의 산림정책은 산주 개인에게 자산 관리와 경영을 일임하는 시장자본주의 방식을 취하고 있다. 농업은 의식주와 직접적으로 관련이 있고 생산 주기가 비교적 짧아서 시장경제에 맡기는 것이 가능하다.

그러나 목재를 생산하는 임업의 경우는 생산 주기가 최소 20년에서 최대 100년에 달하기 때문에 산주에게 모든 책임을 지우고 정부는 행정 지원만 하는 구조로는 제대로 경영할 수가 없다. 우리와는 비교할 수 없을 정도로 선진화된 임업 생산 구조를 갖춘 독일조차도 산주에게 맡겨두지 않고 정부가 직접 관리한다.

생산 기간을 100년으로 계획하고 매년 1헥타르씩 생산하더라도 100헥타르는 있어야 한다. 시장 관리까지 고려하려면 매년 $500 m^3$ 이상을 생산할 수 있도록 500~1,000헥타르 규모를 갖추어야 한다. 그런데 국내에서 이런 조건을 갖춘 산주를 찾기가 쉽지 않다.

산림 경영에는 임도가 있어야 하고 전문 지식과 기술이 필요하다. 숲은 생산 원료를 이용한 연관 산업 발전, 일자리 창출 효과가 뛰어나고 생태적, 경관적, 문화적으로도 가치가 높다. 이런 속성 때문에 숲은 시장에만 맡겨 경영하기가 어렵고 정부의 적극적인 개입, 나아가 주도적인 경영 관리가 필요하다. 대신 산주들이 개인별 또는 단체별로 의사결정에 참여함으로써 국가와 산주가 공존하는 경영 관리 시스템을 만들어나가야 한다.

산주에게 경영의 책임과 권한을 일임하면 자원 약탈로 숲이 훼손되고 공공 기능이 크게 약화될 수 있다. 그런데 아무도 주인의식을 갖지 않고 무주공산이 된다면, 이 또한 숲을 망치는 지름길이다. 역사를 돌아보면 우리나라뿐 아니라 세계 곳곳에서 이와 비슷한 일들이 벌어지곤 했다. 예로부터 치산치수를 치국의 가장 중요한 덕목으로 꼽은 이유도 여기에 있다.

일반적으로 산림 관리 조직은 중앙과 지방 단위로 구분되어 있고, 경영을 관리하는 조직과 작업을 관리하는 조직 등 기능별로 세분화되어 있다. 우리나라 국유림은 산림청, 지방산림청, 국유림관리소까지 갖추고 있으나 책임 경영 조직이 아니라 기능별로 책임을 배분한 기능별 관리 행정 조직이다. 반면 사유림은 지방 자치 단체에서 정책 행정을 관리하고 있는데, 경영 관리 조직은 없고 산림 조합과 작업단을 이용한 작업 관리 조직뿐이다. 산림 경영에 대한 의사결정은 산주 개개인에게 맡겨둔 상태다. 이런 조직으로는 사유림 경영을 활성화할 수 없을 뿐만 아니라, 지역사회와 국민의 이익을 극대화할 수 없다.

산림 경영이 정상적으로 발전하려면 효율적이고 체계적인 경영 조직이 있어야 한다. 산업 형태에 따라 요구되는 경영 조직은 다양하지만, 크게 두 가지 형태의 경영 조직으로 분류할 수 있다.

첫째는 지역별 책임 경영 조직이고 둘째는 기능별 책임 관리 조직이다. 각 조직은 기업적 경영 책임자인 상위 경영자와 기술적 관리를 하는 경영기술자 그리고 작업을 담당하는 작업자로 구성되어 있다. 지역별 책임 경영 조직은 군대와 같이 지역별로 책임을 맡는 조직이다. 담당 면적 규모는 경영기술자의 능력과 사업 규모에 따라 결정되며 담당 지역 내의 모든 조림, 보호, 생산, 작업 관리 등을 책임지는 형태를 띤다. 유럽에서 흔히 적용하는 책임 경영 시스템이다.

기능별 관리 조직은 1만 헥타르의 경영 단지가 있을 때 이를 담당 구역으로 구분해서 관리하지 않고 기능 또는 업무별로 관리하는 조직이다. 조림 보호 책임자, 수확 생산 책임자, 서비스 책임자와 같이 전문 기능별로 각자 1만 헥타르의 단지를 책임지고 경영하는 제도다. 우리의 행정 관리 방식이 여기에 해당한다.

유럽은 대부분 지역 책임 담당관 제도를 도입해 군대처럼 선형 조직을 갖추고 있다. 보통 10만 헥타르 이상의 권역을 담당하는 경영 관리소가 있고, 산하에 경영 구역을 담당하는 전문 기술자를 배치해 작업자를 관리하는 시스템이다. 경영구별로 사업 전체에 대한 책임과 감독권을 갖기 때문에 경영구를 담당하는 산림기술인forester의 능력이 매우 중요하다.

우리나라와 같은 기능별 관리 조직은 직원을 기능별로 전문화하는 중앙집권 방식이다. 전문성이 없어도 사업 관리가 가능해 편리하다는 장점이 있지만, 업무 조정에 시간이 많이 소요되고 사업 과정이 분리되어 통솔이 어려우며 사업 간 또는 사업자 간에 갈등과 마찰이 심화될 수 있다는 단점이 있다.

어떤 경영 조직이 더 타당하다고 단언할 수는 없다. 경영 조직은 그 사회의 정치, 사회, 문화 환경과 밀접한 관련이 있기 때문이다. 중요한 것은 한국에는 전문적인 산림 경영 조직이 없다는 점이다. 국·사유림 모두 단순 행정과 사업 관리에만 치중하고 있어서 생산성이 어느 정도인지 추정할 수조차 없다. 이제는 생산성 관리가 가능한 경영 관리 조직 즉, 행정과 경영, 작업을 통합적으로 운영할 수 있는 전문 경영 조직을 발전시켜나가야 할 때다.

거버넌스형 의사결정이 필요하다

산림 경영 과정은 경영 의사결정, 산림 계획, 사업 실행, 모니터링과 평가로 이루어진다. 경영 책임자는 전체 과정을 관리하면서 사업별 기술 관리와 작업 관리를 담당한다. 담당해야 할 사업에는 주벌수확, 간벌과 수확, 어린 숲 가꾸기, 조림지 가꾸기, 조림지 준비와 식재, 산림 보호, 임도와 작업도 시설 유지 등이 있다. 이를 기술적으로 계획하면서 작업을 감독하고 작업자를 관리한다.

산림 경영은 자산 관리이기 때문에 자산의 주체인 산주와 더불어 지역 주민들의 의사를 반영해야 한다. 산주는 법률상 주인이고 지역 주민은 사회적 주인이기 때문이다. 특히 한국인은 산자락에서 태어나 산에 의지하면서 생활한다. 산과 지역 주민의 관계는 불가분이므로 지역 주민이 의사결정에 참여하는 것이 합리적이다.

산림 경영의 의사결정 방식은 국가와 지역마다 아주 다양하다. 한국과 일본에서는 산주의 자율 참여에 의존해왔고, 유럽에서는 협동·협업체 방식을 채택하고 있다. 최근 일본에서는 사업 계획을 제안해 산주의 동의를 받는 방식을 활용하는데, 이는 변형된 대리 위탁 경영 방식에 속한다.

산주가 의사결정에 참여하는 방식을 종합해보면 ❶ 자율 참여 ❷ 협동·협업체 ❸ 대리 위탁 방식이 있다. 산주들은 대부분 도시로 이주한 경우가 많고, 산주가 해당 지역에 거주하더라도 자손들은 도시에 살고 있어서 산림 경영에 적극적으로 참여할 수 없는 상황이다. 따라서 현실에 맞는 경영 참여 방안을 고안해야 한다.

리동 또는 읍면별로 산주들의 협동·협업 단체도 필요하고, 시군이나 광역지자체 차원에서 산주들을 대표해 지역 산림거버넌스[9]에 참여하는 방식도 필요하다. 산림 생산 시기에 맞춘 제안형 수확 방식도 좋은 방안이다. 한 가지 방법을 일률적으로 적용할 필요는 없다. 지역사회와 숲의 상황에 맞는 의사결정 방식을 채택해서 운영하면 된다.

거버넌스형 의사결정이 중요한 이유는 산림의 조성, 육성, 보호 등은 국가에서 재정을 지원해야 할 대상이고, 산주들은 산지를 제공해 산림 재산을 갖추게 하는 주체이기 때문이다. 국가 공

---

9 산림에 이해관계가 있는 다양한 집단이 참여해서 의사를 결정하는 방식. 정부, 지역주민, 전문가, 시민단체 등이 포함된다.

지속 가능한
산림 경영 철학

무원과 산주 대표자들이 의사결정에 참여하는 것은 당연한 일이다. 또한, 산림의 다양한 기능을 유지하기 위해서는 생태 및 경관 서비스를 필요로 하는 시민 대표도 의사결정에 참여하는 것이 마땅하다.

전문성을 갖춘 조직, 예컨대 전문 연구 기관, 전문 기술사, 전문 임업인들을 참여시키는 것도 미래형 산림 경영 의사결정일 것이다. 초기에는 조금 더디더라도 시군별로 거버넌스형 의사결정 체계가 갖춰지면 갈등이 줄어들어 신속하고 합리적인 의사결정이 이루어질 수 있다.

공무원과 산주, 시민, 전문가들이 서로 소통하면서 산림 경영을 계획하고 실행하고 평가하는 종합적 의사결정 체계를 갖추면, 머지않아 21세기형 산림 거버넌스가 만들어질 것이라 믿는다.

도시 숲과 마을 숲도 경영이 필요하다

도시 숲 경영하기

도시 숲은 도시의 가로수와 더불어 도시인들의 생활에 매우 중요한 영향을 미친다. 첫째, 도시 기온을 조절한다. 여름에는 산에서 시원한 바람이, 겨울에는 따뜻한 바람이 내려오면서 공기를 순환시키기 때문이다. 도시의 가로수는 기온이 올라가는 것을 막아준다. 둘째, 아름다운 경관과 휴양 장소를 제공한다. 계절에 따른 풍경의 변화, 휴식처 제공, 등산을 통해 건강한 도시 생활이 가능하게 한다. 서울에 있는 산과 강과 공원을 찾는 국민이 연간 3억 명에 달한다고 한다. 1일 방문객 수가 평균 열 명 이상인 곳을 도시 휴양 1급지로 지정하고 특별 관리하는 국가도 있다.

셋째, 미세먼지를 걸러내어 공기를 깨끗하게 한다. 그 외에도 지역 주민의 공동체 활동에 필요한 공간을 지원하고 부산물을 생산하며, 경우에 따라서는 목재 생산도 가능하다.

따라서 도시 숲은 다양한 기능에 맞게 다목적으로 관리해야 한다. 무엇보다 재해로부터 안전하도록 적당히 솎아주고, 나무의 활력과 건강성을 높이기 위해 수관을 발달시켜야 하며, 수평적으로는 혼효되고 수직적으로는 다층을 이루게 관리해야 한다. 도시 숲을 관리하려면 작업 장비가 다닐 수 있는 산림 도로가 있어야 계획적이고 전문적인 관리가 가능하다. 베어낸 나무는 가능한 수집해서 활용하는 것이 숲을 건강하고 지속적으로 관리하는 방법이다.

그런데 우리는 도시 숲을 이용만 할 뿐 관리하는 데 관심이 없어서 도시 숲의 안전성과 활력과 건강을 잃어가고 있다. 태풍 피

지속 가능한
산림 경영 철학

해로 넘어진 나무는 방치되고, 숲 바닥은 어둡고, 어린 나무와 풀들이 자라지 않아 종도 다양하지 않다. 나무는 너무 빽빽해 나무 끝가지에 매우 적은 잎이 대롱대롱 달려 있는 등 숲 관리가 제대로 되지 않고 있다. 도시 숲을 건강하게 활용하려면 임도를 잘 발달시켜야 한다. 임도는 유모차를 끌고 갈 수 있어야 하고 아이들과 노인들의 산책길도 되어야 하고 어린이와 청소년들이 자연을 탐구하는 길도 되어야 한다.

지금과 같이 나무꾼들이나 다닐 수 있는 험한 등산길은 숲 휴양이나 숲 관리에 바람직하지 않다. 너무 많은 사람이 이용하는 가파른 등산길은 1~2미터씩 파헤쳐져 있는 경우도 많다. 도시 숲은 단순히 나무를 지키는 곳이 아니라 나무가 건강하게 자랄 수 있게 관리하는 곳이다. 중년 어른들이 배낭 메고 등산하는 곳이 아니라 아이들과 노인들도 즐겨 찾을 수 있는 곳이어야 한다.

나무들이 활력 있고 건강하게 자랄 수 있게 관리하고 자연친화적인 방향으로 수종을 개선해서 미래의 자산이 될 수 있게 준비해가는 것이 도시 숲을 이용하는 올바른 길이다.

마을 숲 경영하기

도시에 도시 숲이 있듯이 농·산촌에는 마을 뒷동산이 있다. 과거에 연료를 채취하던 곳이고 자연산 버섯과 산나물, 약초 등

각종 야생 열매를 따먹으며 살던 곳이다. 그런데 인적이 뜸해진 오늘날의 마을 뒷동산에는 풀과 나무가 제멋대로 자라고 있다.

산주들은 도시로 떠났고 그 자녀들은 뒷동산에 대한 추억도 애착도 없다. 도시로 떠났던 이들은 이미 저 세상에 가 있을지도 모르고, 살아 있더라도 귀향할 용기가 없는지도 모른다. 마을에 남아 있는 사람들도 늙어간다. 그렇다고 농·산촌 마을의 숲을 이대로 방치할 것인가.

국가는 도시와 농·산촌의 균형 있는 발전을 위해 마을 숲 경영 정책을 개발할 필요가 있다. 마을 숲 기본 계획을 세워서 도시에 있는 산주의 자녀들이 정년 후 귀향할 일터를 만들어주거나 귀촌자들에게 일할 기회를 주는 방안을 마련할 수 있을 것이다.

주민들이 앞장서서 마을 숲 경영 방안을 제시할 수 있도록 정부에서 멍석을 깔아주는 방안이 필요하다. 경우에 따라서는 주민들 스스로 그런 장을 만들 수도 있을 것이다.

기본 계획에 반영할 수 있는 사업으로는 ❶유실수, 과수원, 특용수 재배 ❷산채, 약초, 버섯, 인삼 등을 경제 수종과 함께 키우는 산림 복합 경영 ❸가족 또는 마을 수목장림 ❹주말 농장 겸 산장 ❺대경고급재 생산림 ❻바이오에너지 생산림 ❼기타 지역 특화림 등을 재배할 수 있는 산지 이용 구획과 이를 관리할 수 있는 도로망 설비, 이웃 마을과의 연계 등이 포함된다.

생태교육림, 문화관광림, 휴양림 또는 요양림으로 개발하는 등 마을 상황에 따라 다양한 형태의 마을 숲을 가꿀 수도 있다. 마을 숲 경영 기술자 양성과 경영 지원 인력도 함께 육성해야 함은 물론이다. 마을 숲을 조성하고 경영 관리를 담당하는 기술자에게는 정부에서 연간 적정액을 지원해야 한다. 국토의 균형 발전을 위해 지역의 숲을 지키는 사람들이기 때문이다.

이는 마을 지도자 겸 마을 숲 경영자를 육성하는 계기가 되고 농·산촌을 진흥시키는 새로운 지도자를 육성하는 길이 될 수 있다. 마을 숲 경영자가 책임 경영할 수 있는 규모는 500헥타르 정도가 적절하다.

새로운 산촌을 일구어 산림 경영의 기반이 될 수 있도록 마을 숲 활용법도 더욱 개발되었으면 한다.

4장

산림 경영은
시간과 공간을 다루는 예술이다

농업은 몇 백 평으로도 집약적인 농사가 가능하다. 하지만 임업은 최소한 수천, 수만 평이 필요하다. 목재를 생산하기 위해 산림을 정상적으로 경영하려면 500헥타르, 즉 150만 평이 있어야 한다. 산림 경영자라면 150만 평에 어떤 수종을 어떻게 배치할지, 임도는 또 어떻게 설치할지, 휴양 공간은 어디에 마련할지를 아는 지식과 지혜가 필요하다. 그래서 산림 경영은 공간을 다루는 예술이다.

농부는 평생 60번 정도 쌀농사를 짓는다. 한 번의 실패도 치명적이다. 공장에서는 하루에도 몇 번씩 생산 라인을 돌릴 수 있지만, 자연을 다루는 1차 산업은 그럴 기회가 없다. 숲을 경영하는 사람은 평생 한 번도 목재를 수확하지 못할 수도 있다. 그래서 산림 경영은 시간을 다루는 예술이다.

공간을 다루는 산림 경영 1_ 산지 구획과 공간 계획 관리

산림 경영의 목적은 산림의 다양한 기능을 유지하고 최대한으로 끌어올리는 데 있다. 이 목적을 달성하려면 계획적인 관리가 필요하다. 따라서 산림 경영 강령에는 계획적인 관리를 위한 목표가 포함되어야 한다.

정부에서는 산림 기능을 삶터, 쉼터, 일터 등 3대 기능으로 분류해 관리 정책을 펴고 있으며, 세부 기능으로는 과거 일본에서 추구했던 5대 기능목재 생산, 수원 함양, 산지 재해 방지, 자연환경 보호, 산림 휴양, 생활환경 보전 기능을 빌려 쓰고 있다. 일본에서 채택한 5대 기능은 산림을 수평적 공간으로 이용하는 기능을 뜻한다. 여기에는 숲의 경제적 기능과 사회적 기능, 연관 산업 발전을 지원하는 기능이 빠져 있다. 따라서 국가 산림 경영 강령을 정비할 때 이를 보완할 필요가 있다.

산림 경영 강령에는 목표를 달성하는 데 필요한 사상과 철학, 그리고 경영 조직, 계획 관리, 지원 시스템 등에 대한 골격이 제시되어야 한다. 이 중에서 계획 관리는 산지 공간 관리 계획, 숲 시간 계획, 상품과 서비스 제공 사업 및 작업 계획으로 구분할 수 있다.

한국에도 산림 경영 계획 제도가 있긴 하지만 제대로 운영되지 못하고 있는 실정이다. 가장 큰 문제는 산주 개인이 필요한 계획을 세워 운영하도록 방치한다는 점이다. 그러나 경영 계획이란 본래 지속적인 생산이 가능한 규모를 갖출 때만 세울 수 있다.

과일이든 작물이든 생산할 수 있는 농작물은 연간 사업 계획을 세워 운영하면 된다. 경영 규모가 작으면 굳이 10년 경영 계획이라는 거창한 목표를 세울 필요가 없다. 산주들이 알아야 할 것은 어느 시기에 무슨 사업을 해야 하나 정도다. 이것은 소반[10]별 또는 지번[11]별 사업 계획에 해당한다.

산림 경영 계획의 목적은 지속적인 생산이 가능하도록 이상적인 숲 구조를 갖추고 지켜가는 데 있다. 따라서 정부가 나서서 산림 경영 계획이 가능하도록 이상적인 경영 규모를 갖추게 하고, 해당 지역에 경영 계획을 수립하도록 지원해야 한다.

경영 관리의 효율성을 높이려면 산지를 구획하고 이용 방향

---

10 산림경영관리의 최소 단위이자 10년 동안 이루어져야 할 사업에 따라 구역된 단위. 0.1헥타르 미만의 소반은 구획하지 않는다.

11 지적법 제2조 4호에 의거해 지적공부에 등록한 필지 번호. 모든 토지는 필지마다 지번을 정해 지적공부에 등록되어야 한다.

을 제시해야 한다. 먼저 산지 구획은 소유별 구획과 정책적 관리를 위한 구획, 그리고 경영과 사업 관리를 위한 구획으로 구분된다.

산지의 소유별 구획은 지번 단위로 세분화되어 있다. 사유림의 경우 지번 수가 213만 개 이상이며 평균 면적이 2.2헥타르다. 행정적으로 국유림, 공유림, 사유림으로 구획하고 있지만 산림 경영이 가능한 구획 시스템이 존재하지 않는다는 점이 문제다.

경영 측면에서나 행정 측면에서 관리하기 편리한 규모는 20~100헥타르로 알려져 있고, 산악 국가에서는 평균 70헥타르 규모가 적정하다는 것이 세계식량농업기구의 제안이다. 임업에서는 이것을 임반林畔[12]이라고 부른다. 임반은 경영 목적과 체계가 비슷해 행정 및 경영을 편리하게 할 목적으로 구획한 것이며, 기본적으로는 행정 관리 단위다. 임반과 임반이 모여 산림 경영구를 이루는데, 토지 생산력에 따라 500~2,000헥타르가 적정한 것으로 알려져 있다. 이런 산림 경영구를 여러 개 합치면 산림 경영 관리소나 대규모 산림 사업 단지가 되고, 그 규모는 정책에 따라 5,000~2만 헥타르로 다양하다.

12 산림경영의 행정관리단위. 면적과 지형을 고려해 정한 것으로 영원히 기록, 유지되어야 한다.

지속 가능한
산림 경영 철학

산림의 나이에 따라 사업 및 작업을 실행하기 위해 임반을 잘게 쪼개어 소반으로 나누는데, 일반적으로 소반의 최소 면적은 1헥타르 이상이지만 필요한 경우 0.1헥타르까지 세분화해서 관리하기도 한다. 소반 구획은 사업 목적이 달성되면 임반에 수렴된다.

이상과 같이 산지를 구획 관리하기 위해 공간 계획을 세우는 것이 정부의 기본 임무 중 하나다. 수종 선정, 숲 조성 방법 고안 등 산지 공간 계획을 세우려면 기후와 산지 생산력에 관한 정보를 수집해야 한다.

이런 정보를 바탕으로 산림의 기능을 정해야 경영 시스템을 결정하는 데 도움을 주고, 경영 기반이 되는 산지 구획, 임도망 배치, 시설 예정 위치를 제시할 수 있다. 더 많은 정보를 확보할수록 조림 수종의 배치나 산지와 산림 특성에 맞는 특성화 방향을 제시할 수 있다.

따라서 이 계획은 시군 정부보다 광역 지방 정부에서 생태·경관적 특성을 고려해 세우는 것이 타당하다. 시군 정부에서는 광역 계획을 기본으로 산지 이용 계획과 자체적인 토지 이용 정책 등을 참고해 시군 정부가 추구하는 산림 경영 종합 계획을 세워 추진해야 한다.

종합 계획은 정책 정보, 사회적 정보, 시장 예측 정보를 제공함으로써 산림 이용 시간 계획의 정확성을 높이는 데 있다. 산지·산림 이용 공간 계획은 지속 가능한 산림 경영을 추진하는 토대가 된다.

산림 사업별 사업량과 재정 규모를 제시하는 지역 산림 계획은 근본적으로 차이가 있다. 산지 이용 공간계획은 산림 기능 관리, 조림 수종 관리, 경영 조직 관리, 경영 시스템 관리 등 산림 경영 정책을 추진하는 기본 지침이다. 광역 지방 정부는 권역별 계획을, 시군 정부는 시군별 종합 계획을 발전시켜야 할 것이다. 이 계획은 지속 가능한 산림 경영을 이행하는 기본 계획에 해당한다.

공간을 다루는 산림 경영 2_ 숲에도 길이 필요하다

옛날에는 나무꾼들이 산길을 따라 땔나무를 지고 나왔다. 일제강점기에는 벌채한 목재를 운반하는 운재로 혹은 산판길이라는 길을 만들어 목재 생산에 이용해왔다.

산에는 수많은 나무꾼 길과 운재로가 있었으나 대개 한번 쓰고 방치된다. 특히 방치된 운재로는 비가 오면 물길이나 새로운 계곡이 되기도 해서 토양 침식과 산사태로 농경지나 도로를 훼손시키는 문제를 일으켰다.

거의 1세기 동안 약탈식 운재로를 통해 목재를 생산해온 점은 심각한 문제다. 토양 침식과 산사태 예방을 위해 사용 후 복구하도록 제도화하긴 했지만, 이로 인해 목재 생산비가 올라가는 만큼 산주의 소득이 줄어드는 악순환이 반복되고 있다. 시설 이용 관리 측면에서 보면 낭비가 심각하다.

산림 경영의 기반 시설인 임도와 작업로를 정부에서 만들어주지 않고, 운재로 시설 및 복구 비용을 산주가 부담하게 하는 현 체계를 계속 유지해야 할까? 길이 없어 효율적인 산림 경영이 어려워지고, 이로 인해 자연력에만 의존하는 저품질 원료재만 계속 생산하게 돼야 할까? 경영 기반 시설 없이 임업이 과연 이상적이고 정상적인 길로 나아갈 수 있을까? 산에 길이 없는데 산림 휴양과 치유가 가능할까? 산지를 새로운 영토로 생각하고 개발해나갈 의향은 없는 걸까? 이제는 100년 전의 수탈식 운재로를 지속적으로 이용할 수 있는 임도와 작업도로 발전시켜나가야 할 때다.

산림 경영을 위해 산 속을 걸어가는 대신 차를 타고 가게 해야 한다. 시간은 돈이다. 차를 타고 출퇴근하는 길이 임도다. 임도를 만들 때는 적정한 밀도를 책정해 효율을 높여야 한다. 산지 생산력이 높은 곳은 밀도를 더 높여주고, 생산력이 낮거나 시설비가 많이 드는 험준한 지역은 밀도를 낮추어야 한다. 스위스의

1986년도 산림 조사에 나타난 지역별 임도 밀도[13]를 참고하자.

스위스의 임도밀도(1986)

지역별	임도 밀도
유라	36.7 m³/ha
미텔란트	52.8 m³/ha
보랄펜	14.4 m³/ha
알펜	9.6 m³/ha
스위스 평균	23.8 m³/ha

산에 시설된 길에는 사시사철 목재 운반용 트럭이 주행할 수 있는 임도와 목재 수집을 위해 기계 장비가 주행하는 작업도가 있다. 임도는 산지 개발을 목적으로 만든 길이고, 작업도는 임분[14] 개발을 목적으로 만든 길이다. 이를 총칭해 산림 개발이라 하고, 그 밀도는 100m/ha가 넘을 수도 있다.

산지를 국가의 새로운 토지 자원으로 계속 이용하려면 산지 개발을 위한 임도와 임분 개발을 위한 작업도가 필수적이다.

많은 사람이 개발이라는 용어를 혼란스러워할 수 있다. 그러

---

13 단위면적당 임도 개발이 어느 정도인지 나타내는 지표. 헥타르당 20~40미터 정도가 적절하다고 여겨진다.

14 수종, 수령, 임상, 생육상태 등이 비슷하고 인접 산림과 구별되는 한 단지의 산림. 산림의 취급단위가 될 수 있는 임목과 임지를 합해 임분이라고 한다.

지속 가능한
산림 경영 철학

나 산림 개발 또는 산지 개발은 산림을 제대로 경영하는 데 필요한 기반 시설을 갖춤으로써 숲을 더 가치 있게 만드는 행위다.

물론 그동안의 산림 개발에 많은 문제가 있었다. 기술도 부족하고 투명성도 부족했다. 하지만 기술 수준은 수십 년간 다양한 노력을 통해 많이 향상되었고 투명성은 시민 감시 체계 등을 도입해 보완해왔다. 산림 개발이란 산을 열고 들어가서 산림을 경영할 수 있는 길을 만드는 것이다.

산림이 개발되면 임도를 따라 들어가서 항속림^{恒續林} 경영이 가능해진다. 임도가 없으면 모두베기 방식을 쓸 수밖에 없어서 오히려 숲을 대규모로 훼손하는 결과를 낳는다. '산림 개발'이라는 용어가 오해를 불러일으킬 수 있다면 '산림 경영 기반 조성'으로 바꾸는 것이 바람직할 것이다. 산림 도로망은 간선임도, 지선임도, 작업도, 작업통로로 기능을 구분할 수 있으므로 기능에 맞는 도로망을 건설해야 한다.

임도의 목표 밀도는 대상지의 산림 기능, 지형, 지질, 산지 생산력에 따라 결정된다. 평균 임도 밀도를 스위스와 같이 30m/ha로 설정할 경우 전국적으로는 18만 km가 필요하고 연간 1,800km씩 시설해도 100년이 걸린다. 임도는 한번 시설해서 영구적으로 사용해야 하므로 안정적이어야 하고 이용 효율이 높아야 하며 시설 유지가 편리해야 한다. 정부에서 산지 이용, 산림 경영, 산촌 진흥의 기반이 되는 임도 배치와 시공을 전담할 산림 경영 기반 조성 기구를 설립하는 것이 어떨까 싶다.

수익을 목적으로 하는 민간 개발업자가 아니라 임도망을 전문적으로 배치하고 시공과 유지를 담당할 수 있는 공공기관 또는 공기업이 필요하다. 임도 사업을 각 시군별로 나누어 먹기 식으로 배분하면 효용이 낮은 임도를 개설할 가능성이 크고, 임도에 의한 재난과 경관 훼손을 막기 어려울 것이다.

세계 주요 국가의 임도 밀도(m/ha)

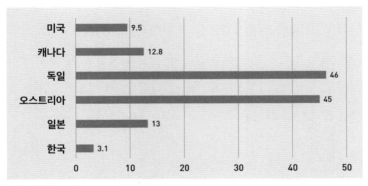

출처: 산림청 홈페이지, 2016

산림 경영 기반을 조성하는 조직은 산지, 산림, 산촌에 대한 공간 분석과 이용 계획을 수립할 수 있어야 하고, 경영 기반 시설인 임도망을 배치해 시공 관리를 할 수 있어야 한다. 우선 경

지속 가능한
산림 경영 철학

제림 단지로 지정된 지역부터 공간 이용 및 도로망 배치 계획을 세우고 간선 임도부터 시공하도록 전략적으로 접근한다면 지속 가능한 산림 경영을 시작할 수 있다.

한국은 산림 경영 기반이 조성되어 있지 않아서 목재의 생산과 공급이 어려운 상황이다. 이러한 어려움을 타개하기 위해서 부산물 생산을 통한 소득 창출과 휴양이나 치유 같은 국민 복지에 치중하고 있으나, 이는 나무에서 뿌리와 줄기를 도외시한 채 가지와 열매만 탐하고 있는 셈이다. 기본이 바로 선 임업을 육성하려면 적절한 산림 개발이 필요하다. 길이 있어야 비로소 정상적인 산림 경영과 국민을 위한 산림 복지 시대를 열어갈 수 있다.

임도망 배치를 위한 지형 분석의 모든 것

임도는 산지 이용, 산림 경영, 산촌 경제의 기반 시설이다. 임도 노선은 배치 효율이 높은 곳을 지나야 하고 가능한 유지비가 적게 드는 곳을 따라야 한다. 이를 위해 우선 지형 분석이 필요하다.

임도를 배치할 때 우선 찾아야 할 곳은 포지티브점 positive point 과 네거티브점 negative point 이다. 포지티브점은 임도가 통과해야 할 점을 뜻하며 다음과 같은 곳이 될 수 있다.

- 변곡점으로 산지 경사도가 변하는 지점
- 인접 지역으로 넘나들기 좋은 지점
- 산지 경사가 40% 이내로 완만한 지점, 헤어핀[15]과 저목장 시설의 적합지
- 공도와 산지의 접합 지점, 농경지 훼손과 구입을 최소로 하는 지점
- 수변과 농경지로부터 약 50m 이상 되는 선

피해야 할 네거티브점은 다음과 같은 곳들이다.

- 산지 경사가 80% 이상인 지역
- 암석 노출지와 습지 지역
- 계곡과 마을 뒷산, 묘지 등

임도의 적은 물이다. 그러나 물은 분산시키면 힘이 없어 문제가 되지 않는다. 따라서 물 관리 기술은 임도망 배치에서 가장 중요하게 고려해야 할 사항이다. 산지 종단경사[16]는 8%가 적당하고 3% 이하는 배수가 되기 어려우므로 피해야 한다. 계곡은

15 주행로가 U자 모양으로 급하게 구부러진 커브
16 도로의 경사를 의미한다. 3~10%가 적정하다.

지속 가능한
산림 경영 철학

가능한 통과하지 않아야 한다. 교량 시설비도 책정되어 있기는 하지만, 계곡물이 임도를 따라 흐르면 침식 피해가 클 수 있으니 교량 설치도 지양해야 한다. 부득이하게 계곡을 통과할 때는 최대 홍수에도 임도로 물이 넘쳐흐르지 않게 종단 곡선을 배치해야 한다.

물을 분산시키기 위해 산록[17] 방향으로 3% 정도 편경사를 주거나, 둥근 횡단면으로 유지·관리하기 위해 그레이더grader[18]를 투입할 수 있어야 한다. 물이 임도에서 투수가 되지 않도록 다짐을 하고, 측구의 물은 100~200m마다 횡단으로 빼내어 확산되게 해야 한다. 계곡에 성토가 되지 않게 충분한 거리를 두는 등 물을 대비한 노선 배치와 물을 확산시키는 확수 기법을 도입하면, 그 임도는 경영 기반으로서의 가치를 갖게 된다.

나아가 임도망을 배치할 때는 장차 임분 개발을 위한 작업 도로망과 어떻게 연결할지 고려해야 한다. 중복 개발은 가능한 피하는 것이 경제적이다. 임도망 배치를 전문화하기 위해 굳이 외국에 갈 필요가 없다. 이미 다양한 현장이 존재한다. 기존의 임도망을 공부하면 우리 산지에 적합한 임도 기술을 발전시킬 수 있을 것이다.

17 계곡 또는 산기슭
18 주로 도로공사에 쓰이는 굴착기계

작업 도로를 설치할 때 고려할 사항

산지 개발은 임도를 통해, 개별 숲 개발은 작업 도로를 통해 이루어진다. 임도는 시설비로 시설하고 관리하는 시설이지만, 작업 도로는 사업 실행의 일종이므로 사업비에 포함시켜야 한다. 작업 도로는 작업자와 작업 장비들이 다니는 길이다. 등산객이 다니는 오솔길도 있다.

작업 도로는 임도와 연결되는 작업길로 중장비가 들어가는 길도 있고, 지상의 장애목만 제거하고 다니는 길도 있다. 작업 도로는 장비 이동, 사람 이동, 집재목 운반 등 용도에 따라 폭이 결정된다. 보통 3m, 2m가 대부분이다.

작업 도로의 간격과 길이는 그림과 같다.

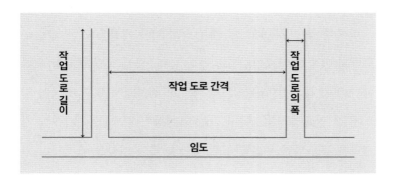

작업 도로 간격은 벌채해야 하는 나무의 수고에 따라 결정되나 보통 20~40m가 적정하다. 작업 도로 길이는 50m 이상은 되

지속 가능한
산림 경영 철학

어야 하고 300m가 넘지 않을 때 노동 생산성을 높일 수 있다.

작업 도로망은 솎아 베어내는 간벌과 택벌[19] 작업장에 특히 필요하다. 전체 나무를 다 벌채하는 개벌 지역에서는 장애물이 없으므로 임의로 시설이 가능하다. 어린 숲을 가꿀 때도 작업자들이 다닐 수 있는 작업로가 있어야 하는데, 보통 폭이 1.5m 내외는 되어야 작업 도구를 지니고 다닐 수 있다.

산지 경사가 40% 이하라면 토목 공사 없이도 장비 주행이 가능하다. 산지 경사가 60% 이내인 경우는 토목 공사를 통해 트랙터tractor, 포워더forwarder, 하베스터harvester들이 운행할 수 있어야 한다. 산지 경사가 60% 이상인 경우는 산지 훼손과 시설 비용을 감안해 케이블을 이용한 작업 도로를 고려하는 것이 타당하다.

현재는 소형 궤도형 굴삭기를 이용해 산지 경사 60% 이상을 주행하면서 산털이 방식으로 집재하고 있다. 그러나 이는 위험한 작업일 뿐만 아니라 남아 있는 숲에 큰 피해가 갈 수 있으므로 안전한 고성능 장비로 대체해야 한다.

작업 도로망 배치는 산림 경영기술자 또는 기계화 생산 사업체를 운영하는 자가 실행할 주요 과제다. 따라서 산림 작업도에

---

19 나무를 수확하는 방법으로, 나무를 벌채하고 그 자리에 어린나무가 자라게 해서 숲을 유지하는 시스템이다.

대한 배치 설계와 시공 기사를 양성하는 훈련 프로그램을 개발하고 운영해야 할 것이다.

임도는 국가 시설이다

지속 가능한 산림 경영을 위해서는 자연에 가까운 생산 방식을 택해야 한다. 임도는 지역 주민들이 산채와 약초 채취, 휴식과 등산, 임산 연료 수집 등으로 산림을 이용하고 산주들이 소득을 올리는 데 도움이 된다. 그래서 임도를 경영 기반 시설이라 한다. 따라서 임도를 방치하지 않고 계속 이용할 수 있도록 산림 구조 역시 지속 생산 구조로 바꾸어야 한다.

산림 경영 기반에는 임도는 물론이고 산지의 공간 이용 계획과 산림의 경영 계획 편성, 임업 기계화와 유통 지원 센터도 포함된다. 한국에서는 산림 경영 기반 조성을 일반 산주에게 맡겨 두고 이를 독려하기 위해 보조금과 융자 지원을 하는데 이는 잘못된 발상이다. 산림 소득은 나무를 심고 50~100년이 지나야 나타나고, 비록 소득이 있다 해도 길과 기계, 전문 노동력이 있어야 가능한 일이다. 이러한 조건을 갖추지 못한 산주들에게 기반 조성을 맡기면 결국은 목재 중개상들에게 이득이 돌아갈 수밖에 없다.

지금은 소득을 올릴 수 있는 시기도 되지 않았을 뿐 아니라 소득 자체도 낮은데, 길을 내고 기계를 구입하기 위해 융자를 받는 행위는 오히려 재산을 탕진할 수 있는 위험천만한 일이다. 산주의 소득보다는 국민과 지역사회에 주는 이익이 훨씬 크고, 지속 가능한 사회 발전을 위해서도 임업 경영의 기반 조성이 필요하므로 마땅히 국가에서 시설하고 관리하는 것이 옳다.

그래서 임도는 국가의 사회 간접 시설로 봐야 한다. 다만, 산주 소득률이 올라가면 그에 비례해 산주의 부담을 늘리는 등 국가와 산주가 공존할 수 있는 방안을 마련할 필요가 있다. 또한 임도를 시설할 경우 대면적 모두베기를 금지할 수 있도록 경영 계획에 반영해야 한다. 그래서 임도의 공익적 목적이 유지되어야 그 결과로 지속 가능한 사회를 위한 지속 가능한 산림 경영이 완성될 수 있다. 반세기 후에 산림에서 큰 소득이 발생하면 소득 규모에 따라 산주에게 분담금을 받거나 목재 판매세를 거두는 방식으로 사회 균형을 꾀하는 방법도 가능하다.

사유림에 임도를 시설하는 것은 전적으로 국가의 몫이고 사회 간접 시설이라는 인식이 중요하다. 임도 시설은 산주의 사도가 아니라 지속 가능한 국토 개발의 길이다. 반면 임도에 연결된 작업도는 목재 생산을 주로 하기 때문에 산주의 사도로 관리하는 것이 합리적이다.

시간을 다루는 산림 경영 1_ 숲 재생과 산림 갱신

요즘 '도시 재생'이 큰 화두다. 쇠락한 도시를 다시 일으켜 지역 경제를 활성화하고 안정적인 주거 환경을 만들고 다양한 세대와 계층이 함께 살아갈 수 있는 도시를 만드는 것이 도시 재생일 것이다.

숲도 마찬가지로 끊임없이 재생한다. 산림 경영자는 이런 재생 과정에 적극적으로 개입해서 국가와 사회와 산주 개인의 목적을 달성하는 역할을 한다. 숲의 재생을 임업에서는 '산림갱신forest regeneration [20]'이라고 부른다.

갱신 시기 진단하기

숲은 어린나무 시기를 거쳐 청년기, 장년기, 노년기를 지나 다시 어린나무 시대로 순환한다. 그냥 두면 자연의 법칙에 따라 순환하지만, 인간의 수요와 목적에 따라 인공적인 순환이 가능하다. 이를 임업에서는 갱신이라 한다.

갱신 시기는 나무가 최대의 가치를 발휘하는 시기로, 수확 생산하는 시기와 겹친다. 나무가 최대의 가치를 발휘하는 시기는 시장의 수요와 산림의 공익 기능에 대한 가치 평가를 통해 결정

[20] 벌채 등으로 한번 이용한 산림을 다시 조성하는 과정을 말한다. 크게 인공갱신과 천연갱신으로 구분한다.

된다. 우리나라에서 참나무류는 흉고직경[21]이 15cm 이상이 됐을 때 표고 재배용 자목으로 최대의 가치를 지닌다고 해서 이때를 갱신 시기로 본다.

반면 독일에서는 참나무류의 갱신 시기를 흉고직경 60cm 이상일 때로 정하고 있다. 소나무도 흉고직경 20cm는 공업 원료재로 수확해 이용할 수 있으나, 흉고직경이 40cm가 되면 원목 가격이 두세 배 높기 때문에 이때를 갱신 시기로 정하는 것이 합리적일 것이다.

80cm 이상의 대경재로 키워 궁궐의 보전과 유지·보수를 위한 특수재로 키울 수도 있다. 생태학적, 경관적 관점에서는 고령의 대경재로 키워 자연에 가깝게 갱신시키는 것이 종 다양성과 경관 유지 측면에서도 바람직하다고 볼 수 있다.

해외 사례를 보면, 산림의 에너지 이용이 활발할 때는 단벌기 순환갱신[22], 산업화 시기에는 제재목 크기의 중경재 갱신, 생태

---

21 나무의 목재 체적을 계산할 때 흉고의 위치에서 직경을 측정한다. 흉고직경이 작고 키가 크면 기상변화 때 피해를 입기 쉽다.

22 펄프나 에너지용 목재를 생산하는 작업방식. 단위면적당 나무의 생장량이 최대가 되는 시점에서 생산해 순환하는 방식이다.

환경이 요구되는 노임 상승 시대에는 대경재 생산으로 갱신 시기가 변화되어 왔음을 알 수 있다. 오늘날에는 숲의 경제적 가치와 생태적 가치가 만나는 지점이 곧 갱신 시기가 될 것이다.

국가 차원에서의 원료 공급 상황과 더불어 개인 산주의 소득과 재산 관리에 대한 의견도 반영해야 하므로 갱신 시기에 관한 객관적인 지표를 만들어 제시할 필요가 있다. 물질 생산 측면에서 최대 시점인 흉고직경 20cm 시기가 지나면 산주의 희망에 따라 갱신할 수 있게 하고, 산주에게 올바른 시장 정보를 주어 중대경재로 키우도록 하는 체제도 필요하다. 온대지방의 경우 일반적으로 생산비와 생산재의 용도 등을 고려해 흉고직경 40cm를 갱신 수확기로 제시한다.

우리나라는 갱신 시기 결정을 벌채하는 숲의 평균 연령, 즉 벌기령[23]을 기준으로 한다. 이는 생산 목표 직경에 도달할 것으로 예측되는 평균적인 숲의 나이로 지속 생산 구조를 관리하기 위한 것이다. 그러나 목재 생산을 위해서는 숲의 나이보다 나무의 평균 직경에 따라 갱신 시기를 결정하는 것이 타당하다. 예를 들어 바이오매스 같은 물질을 생산할 때는 20cm 이상, 부가가치가 높은 원목으로 생산할 때는 40cm 이상, 특수재로 생산할 때는

---

23 임분 또는 임목을 벌채에 이용할 수 있는 나무의 연령. 벌기령이 된 임목의 벌채를 주벌이라 한다.

60cm 이상과 같이 숲의 나이보다는 흉고직경을 기준으로 삼는 것이 더 합리적이다. 이를 경영 수종별로 정해주면 계획적이고 지속 가능한 경영 지표가 될 것이다.

현재 정부에서 제시하고 있는 '벌기령을 10년 단축시키는 정책'은 단기 생산 방식을 장려해 펄프나 연료재와 같은 용재 생산을 활발하게 하는 장점이 있다. 하지만 토양이 척박해지고 중대경재 시장과 소득 증대 기회를 잃고, 종 다양성이 감소할 위험이 큰 것 또한 사실이다.

원료 공급과 미래의 임업 시장을 고려해 형질이 불량한 숲은 40년이 되면 갱신할 수 있게 하고, 형질이 우량한 숲은 간벌을 통해 중대경재로 생산할 수 있게 하는 정책을 수립해야 한다. 그래야 산림 복원에 성공한 나라에서 산림 자원을 합리적으로 관리하는 나라로 도약할 수 있을 것이다.

갱신 시스템 적용하기

갱신 시스템은 숲의 일생을 관리하는 경영 방법으로 조림 교과서에서는 갱신 작업종이라고 한다. 40년 내외가 대부분인 우리 숲의 연령 구조를 개선하기 위해, 더 가치 있는 수종 도입을 위해, 100~200년 지속 가능한 산림 경영을 위해 지금 어떤 시스템을 선정할지 매우 중요하다. 갱신 시스템은 수종과 산림 기능, 수종별 생태 특성을 고려해 결정한다.

• 갱신 시스템 유형	
맹아력	참나무류 등 맹아력이 뛰어난 수종을 갱신하는 방법
	• **맹아력단벌기 저림 경영**: 표고목 등을 생산하기 위해 단기간에 숲을 육성해 생산하는 방식
	교림으로 유도하는 경영: 여러 맹아 중 튼실한 줄기를 골라 키우고 나머지는 제거해 큰 나무 숲으로 유도하는 방식
	저림과 교림의 복합 경영: 큰 나무 숲으로 유도하되 큰 나무를 방해하지 않는 나무를 함께 키우고, 간벌을 통해 중간 수확을 하는 방식
모두베기 벌채	일정 산지에 있는 모든 나무를 벌채하고 새롭게 수종을 도입하는 방법
	• **모두베기 벌채 완전 개벌 경영**: 가장 일반적인 방식으로 벌채 후 나무 심기를 통해 갱신하는 방법
	모수를 이용한 갱신형: 기존 숲에 우량한 형질의 나무를 남겨 그 종자로 갱신하는 방법. 별도의 조림을 하지 않아도 된다.
2~3회 벌채	한 번에 모든 숲을 벌채하지 않고 몇 단계를 거쳐 갱신하는 방법
	• **2~3회 벌채단목 이단림 경영**: 일정 간격으로 개별 수목을 남기고 벌채 후 갱신하는 방법
	군상 이단림 경영형: 일정 간격으로 수목 군락을 남기고 벌채 후 갱신하는 방법
	단목, 군상 택벌식 경영형: 위의 두 가지를 혼합한 방법

갱신 시스템은 위와 같이 수직 구조에 따라 구분되고 혼합 형태에 따라 단순림 경영, 세로 띠 모양의 열상혼효, 가로 띠 모양의 대상혼효, 군락 형태로 혼합하는 군상혼효가 있다. 큰 나무

아래에 버섯, 산나물, 산채, 인삼과 같은 이단림 형태의 복합 경영 방식도 있다. 나무 아래에 동물을 키우는 혼목임업도 있고, 벌채 후 나지에 산림 작물을 재배하는 농업식 경영 방법도 있다.

전통적으로 모두베기 작업과 단순림 조성이 편리하기 때문에 관행처럼 되어왔지만, 이제 새로운 갱신 기회를 맞이해 경제적·생태적 가치를 고려해 다양한 갱신 시스템과 경영 방법을 개발할 필요가 있다. 특히 산림의 공익적 기능에 대한 요구가 클수록 지속 가능한 다층림 경영이 필요하다.

예를 들어 도시 숲, 국도 주변 숲, 수원 함양 숲, 휴양치유숲은 모두베기로 숲을 훼손하지 않는 다층 갱신 시스템을 이용해 경영하는 것이 바람직하다. 마을 주변의 비옥한 지역에는 유실수와 특용수를 작은 면적으로 갱신할 수도 있고 복합 경영림 형태로 관리할 수도 있다. 참나무류 숲을 갱신할 때는 버섯 재배용 목재 생산을 위한 숲을 조성함과 동시에 음지에 잘 견디는 상록활엽수를 식재해 띠 모양의 이단혼효림으로 관리할 수도 있다. 참나무류와 다른 유용한 활엽수종과 섞어 키우거나 침엽수 용재 수종과 섞어 키우는 경영 시스템을 선택할 수도 있다.

이처럼 숲을 갱신할 시기와 방법을 정하는 갱신 시스템은 지속 가능한 산림 경영의 기본이다. 지역과 소득 수종에 따라 다양하고 유익한 산림 경영 형태를 개발해야 한다. 갱신 시스템은 당연히 산림 경영 계획에 반영되어야 한다. 갱신 시스템을 결정하는 것은 숲의 백년대계를 설계하는 일이기 때문이다.

숲을 진단할 때 고려할 사항

한국의 산림을 이상적인 숲으로 유도하려면 현재의 산림 상태를 정밀하게 조사하고 이해해야 한다. 숲을 진단한다는 것은 수종 분포가 적절한지, 영급별 면적 비율이 정상인지, 숲을 구성하는 나무 형질이 어떤지를 살펴보는 것을 말한다.

먼저 수종의 분포를 진단해보자. 병충해와 산불 등 재난 위험은 없는지, 목재 시장을 고려할 때 경영 수종이 적정 비율로 조성되어 있는지를 지역적으로 진단하고 정비 계획을 세워야 한다. 예를 들어 강원도는 어떤 수종을 어떤 비율로 조성해야 경제적으로나 생태적으로 유익할까? 강릉을 기반으로 오랫동안 강원도의 숲을 관찰해본 결과 내 생각에는 금강소나무림 30%, 낙엽송 10%, 잣나무와 전나무 10%, 참나무류 30%, 특용 활엽수림 20% 정도가 합리적이다.

수종 분포가 결정되면 다음은 목표 직경을 고려해 표준 벌기령을 정하고, 영급별로 면적 비율이 동일하게 유지될 수 있게 한다. 그래야 지속 가능한 생산 구조를 만들 수 있다. 영급이 정비되면 매년 생산해서 공급하는 목재량이 동일해져 가공 산업을

지속 가능한
산림 경영 철학

예측할 수 있다.

숲을 구성하는 나무들의 형질이 곧고 우량하다면 경영 목적을 중대경재 생산림으로 정하고 솎아베기[24] 사업을 지속적으로 추진해야 한다. 형질이 보통이면 상대적으로 우수한 나무를 중심으로 이단림으로 유도할 수 있다. 형질이 나쁜 숲은 물질 생장 적기에 바이오매스를 생산하도록 갱신하고 새로운 수종으로 조림해야 한다. 반복해서 이야기하지만, 이제 한국의 산림은 수종, 영급, 형질을 정비해 백년 숲 경영 체계를 만들어야 할 때다. 다만 경제성이 없는 척박지, 암석 노출지, 자연보호지역은 자연 그대로 관리한다.

산림의 진단 및 정비 사업을 위해 전국 산림 조사를 광역 시도별로 실행해 산지 이용과 산림 정비의 기본 방향을 제시하고 지속 가능한 산림 경영 시대를 선언하길 바란다. 더불어 우선 몇 개의 시군을 대상으로 산림을 크기별·형질별로 구분하고 산지의 생산력을 구분해 시군별 산림 정비와 지속 가능한 산림 경영을 위한 종합 계획을 세워 미래지향적 임업 발전 모델을 만들길

---

24 간벌이라고도 하며 상품의 질과 생산 시기를 조절하는 기술이다. 초기에는 강도 간벌로 직경생장을 촉진시키고, 최종 간벌 시기에는 적도 간벌을 해 재적 수확이 최대가 되게 한다. 이와 비교하여 나무의 크기 즉 직경이 생산목표시기에 도달할 때 하는 벌채를 주벌이라고 한다.

제안한다.

사업종을 결정하는 몇 가지 기준

갱신 시스템이 결정되면 숲은 몇 단계의 성숙 과정을 거치며 순환한다. 산림 경영 계획을 편성할 때는 최소 비용으로 목적을 달성할 사업종을 결정해야 한다. 사업종은 보통 소반별 또는 지번별로 정한다.

산림 사업에는 조림지 준비, 갱신 조림, 조림지 가꾸기, 어린 숲 돌보기, 가지치기, 솎아베기와 같은 자원 조성을 위한 사업이 있다. 이 외에도 산림 보호 사업, 산지 산림 개발, 수확 생산, 사방 시설과 휴양 시설 관리 사업도 있다. 자원 조성 사업종을 결정하려면 나무와 숲, 산림에 관한 지식과 정보가 필요하다. 숲을 조성하고 가꾸는 일은 최소 비용으로 산림의 양적·질적 가치를 최대로 끌어올려 생산성을 높이는 일이기 때문이다.

자원 조성 사업은 산지의 연평균 생장량이 최소한 $1 \sim 2\,m^3/ha$ 이상인 곳만 선정하고, 산지 생산력이 낮은 숲은 자연에 맡기는 것이 합리적이다. 다만 경관 가치가 높은 곳은 경관 개선을 위한 숲 가꾸기가 필요할 수 있다.

자원 조성을 위한 숲 가꾸기 사업종을 결정하려면 수종의 혼합 비율, 수관형[25], 수간형을 보고 나무의 안정도[26], 나무의 활력도[27], 나무의 건강도, 그리고 대경우량재로 자랄 수 있는 나무 분포 상태를 진단해서 결정해야 한다.

• 조림지 가꾸기 사업

수고가 2m 정도 되면 어느 정도 숲이 형성되므로 그때까지의 조림목과 자연 상태에서 자란 다른 나무의 경쟁 관계를 보면서 사업종과 사업 횟수 등을 결정한다. 조림지 가꾸기는 보통 3년에서 5년, 또는 그 이상이 걸리기도 한다. 따라서 조림지를 매년 관찰하면서 사업 시기와 기간을 정하는 것이 바람직하다.

• 어린 숲 돌보기 사업

이 단계는 수고가 4m 이내인 숲 조성 단계와 수고 10m 내외인 숲 밀도 관리 단계로 구분된다. 숲 조성 단계는 ❶여러 수종의 혼효 상태를 정돈하고 ❷폭목과 잡목을 제거하며 ❸수형을

---

25 수관의 형태. 원형, 원추형, 삼각형, 부정형 등 다양하다.

26 나무와 키와 흉고직경의 비율을 계산한 값. H/D(Height/Diameter) 값으로 평가하는데 일반적으로 H/D 값이 100 이상이면 안정도에 문제가 생기므로 솎아베기를 해야 한다.

27 나무의 키와 수관의 높이 비율을 계산한 값. H/C(Height/Crown) 값이라고 부른다. 수관의 높이가 나무 키의 1/4 이하이면 문제가 있다고 볼 수 있다.

교정해주어 숲이 정상적으로 자라게 하는 데 있으므로 산림 경영의 대상이 되는 모든 숲이 이 과정을 거쳐야 한다.

어린 숲의 밀도 관리는 눈높이에 죽은 가지가 나타나기 시작하고 H/D값이 100 이상이 되어 기상 재해의 위험이 있을 때 한다. 밀도가 높지 않을 때는 이 단계를 지나서 바로 1차 솎아베기로 전환해야 한다. 현재 일부 지역에서 5년마다 숲 가꾸기 사업을 반복하는데 노동력과 예산 낭비다.

• 미래목 선발과 가지치기

중대경재로 생산해 고급재제용 또는 4각 기둥재를 생산하고자 할 경우 가지치기를 해야 한다. 가지치기는 주로 침엽수로 제한하는 것이 좋다. 활엽수는 자연적으로 가지가 떨어지게 유도하는 것이 좋다. 자연적으로 떨어지게 하려면 밀도를 높게 가꾸거나 하층에 보호수를 두어야 한다.

일본의 편백림과 삼나무림은 흉고직경 6cm부터 가지치기를 하고 있으나, 제재목은 생산 목표 직경의 1/3 시점, 즉 10~20cm 이내가 적정하고 그 이상은 경제성이 없으므로 지양하고 있다.

• 솎아베기 사업

솎아베기의 목적은 남아 있는 숲의 활력도와 안정도를 높이면서 직경 성장을 유도해 경제적 가치를 높여주는 데 있다. 흉고 직경 20cm 내외의 소경재를 생산하고자 할 경우는 솎아베기 사업을 할 필요가 없다. 저렴한 공업 원료로 공급할 숲에 굳이 비용을 투자할 이유가 없기 때문이다.

중대경재를 생산하고자 할 때는 2~3회 솎아베기를 하고 솎아베기 산물인 간벌재는 수집하는 것이 원칙이다. 재적 관리 때문이다. 간벌을 통한 재적은 총 생산 가능 재적의 40%에 해당된다. 즉 정상적인 경영을 한다면 연간 목재 공급량의 40%는 간벌재가 된다는 의미다. 1~2헥타르의 간벌재는 산주에게 의미가 없을 수 있으나 1,000~1만 헥타르의 산림 경영에서 간벌재는 큰 의미가 있다. 산림 경영에서 규모의 경제를 실현해야 할 이유이기도 하다.

숲 가꾸기 사업은 경영 목표를 달성하는 수단이다. 숲 가꾸기 사업은 산림 경영 계획에 편성해서 계획적으로 관리해야 할 대상이다. 대단위 경영 계획 없이 조건이 되는 대로 사업을 쫓아다니면서 숲 가꾸기 사업장을 찾는 지금의 시스템에는 미래가 없다.

특히 5년마다 숲 가꾸기 사업을 반복하는 것은 물질적 재산 가치인 재적의 손실을 일으킨다. 이런 비효율성이 반복되면 정부 재정을 확보하기가 어려워진다. 현행 숲 가꾸기 사업 관리 제도를 근본적으로 바꿔야 한다. 시군별 산지를 열 개 구역으로 구획해 매년 1개소씩 산림 경영 종합 계획을 편성, 전문적인 기술과 지식을 가진 자가 사업 종류별 물량을 편성할 수 있게 한다면 30년 후에는 정확한 산림 정보를 바탕으로 계획적이고 효율적으로 경영하는 산림 국가로 발전할 수 있을 것이다.

시간을 다루는 산림 경영 2_ 산림의 정상적인 관리 순서

산림은 갱신에서 수확까지 짧게는 50년, 길게는 100년이 걸리는 시간 관리의 예술이다. 이처럼 주기가 긴 산업이 또 있을까?

나무는 크기에 따라 2m 이내의 치수, 3~4m 이내의 어린나무, 10m이내 또는 직경 6~16cm 크기의 폴^{pole}목[28], 직경 16~26cm까지의 소경재, 그 이상에 따라 중·대경재로 구분한다. 직경이 40~60cm가 되면 수확 생산하는 것이 정상적인 시간 관리 순서다.

우리나라는 그동안 생산된 목재의 80~90%를 공업 원료로 공급해왔기 때문에 소경재 생산을 벗어나지 못하고 있다. 미래의 시장과 원목의 가치 등을 고려해 정상적인 목재 생산·이용국

---

28 기둥재나 조경재로 쓸 수 있는, 직경 10~14cm 정도인 나무. 초기 간벌이나 어린나무 가꾸기 때 생산되는 나무가 여기 해당된다. 우리나라에서는 대부분 버리는데 산림 재적 관리 측면에서 중요하다.

지속 가능한
산림 경영 철학

으로 발전시켜나갈 계획을 수립할 때다. 즉 새로운 시간 계획 체계를 세워야 한다.

공업 원료인 소경재의 경우 물질 생산이 목적이므로 최소 비용으로 생산 공급하는 방식을 선택해야 한다. 반면 우량 중대경재를 생산하고자 할 때는 이에 맞는 경영 방식을 택해야 한다. 경영 목적에 따라 생산 기간도, 사업 방식도 달라져야 하므로 각각 시간 계획을 세우는 것이 매우 중요하다.

시간 계획에는 숲의 일생을 고려한 장기계획, 일반적으로 산림 경영 계획이라 부르는 10년 단위의 중기계획, 5년 이내의 단기계획 또는 연간계획으로 구분해서 운영할 수 있다. 장기계획은 수종과 경영 시스템 및 생산 목표, 지속 가능한 생산 구조 유도 계획이 포함되고, 중기계획은 장기 목표를 달성하는 10년 동안 실행할 사업종을 선정하고 사업량을 계획하는 것을 말한다. 더불어 10년간 투입할 재정 계획, 고용 계획 등 종합 계획을 세운다. 중기 경영 계획의 기본 철학은 지속 가능한 산림 경영의 구조를 만드는 데 있다.

정상적인 산림 경영을 할 때 사업종은 주벌사업, 조림사업, 조림지 관리사업, 어린나무 가꾸기 사업, 가지치기 사업, 간벌사업으로 구분된다. 임도와 사방 등 시설 계획도 반영해야 한다. 주벌사업은 경영 시스템을 정하면서 생산 공급량을 조사해 계획하고, 조림사업은 수종과 혼효 방법 및 식재 수량을 정해주고 조림지 관리는 임분이 조성될 때까지 잡초목을 제거하는 사업의 횟수와 기간을 계획해야 한다. 숲 가꾸기는 사업종과 사업량을 제시하고 임도와 작업도의 시설 및 유지 관리 사업량을 정할 때도 계획을 세워야 한다.

이들 계획에는 입지 조사와 산림 조사를 통해 소반별 또는 지번별로 사업종과 사업량을 제시하고, 경영구나 읍면 단위로 10년간의 재정 계획과 고용 계획이 포함된다.

10년 단위의 산림 경영 계획을 세울 때 조림 수종 선정과 주벌 시기 등을 결정하기 위해 산주의 동의를 받는 방법도 마련해야 한다. 경영 주체가 있으면 현지 담당자 의견을 반영할 수도 있고 협업체가 있으면 이들을 통해 의견을 반영해야 갈등을 줄일 수 있다.

산림 경영 계획 편성자는 산지, 숲, 나무에 대한 진단 기술과 사업종 결정, 산림의 경영 기반 시설 배치 등에 전문성을 갖추어야 한다. 더불어 지속 가능한 경영 이행 여부를 평가하고 유도하는 능력이 있어야 한다.

사업 관리와 작업 관리

산림 경영 프로그램과 산지 공간 이용 계획 및 산림 장기계획과 같은 산림 경영 정책을 관리하기 위해 10년간 실행하는 종합 계획이 산림 경영 계획이다. 이 계획은 재정이 투입되고, 고용이 이루어지며, 임산물을 생산·공급하는 계획이므로 정부가 수립하고 지원책을 마련하는 것이 타당하다.

10년간 사업 물량이 정해져 있으면 경영 관리를 담당하는 현장 기술자가 산림 상태를 재점검하고 임산물이 생산되는 시기에 시장 가격을 고려해 사업 연도와 연간 사업 시기를 결정하는 등 사업 관리 체계를 세워야 한다. 경영 조직 형태에 따라 경영 구별 종합 사업 계획을 세울 수도 있고, 사업종별 종합 계획을 세워 운영할 수도 있다. 최근 산림청에서 시행하고 있는 선도산림 경영 단지에서는 단지별 종합 사업 계획을 예로 들 수 있는데 보조금 사업을 하고 있는 시군과 국유림 관리소는 사업별 종합 계획을 세워 사업 관리를 하고 있다.

소반과 지번별 작업종이 정해지면 산림 노동자를 고용하고 사업 목적을 달성하기 위해 작업 계획을 세운다. 이를 사업 설계라고 한다. 사업 설계는 예산을 확보하는 계획인 데 비해 작업 계획의 목표는 합리적 고용과 사업 목적을 달성하는 데 있다.

산림 사업 중에 산림 경영에 반영할 수 없는 것이 있다. 예컨대 산불 피해, 기상 피해, 병충해 피해, 동물 피해 등과 조림지 잡초목 제거, 칡덩굴 제거 사업은 언제, 얼마의 작업 물량이 발생할지 알 수 없다. 또한 임산물의 종류에 따라 시비 작업과 관수 작업도 있으며 수액과 칠 채취 작업 같은 다양한 사업이 있을 수 있다. 이러한 내용은 연간 작업 계획에 반영시키면 된다.

사업 계획에는 5년 이내의 단기계획, 연간계획, 시기별 계획이 있다. 거시적으로 산림 경영 계획에 속하지만 사업별로 실행하는 작업 행동에 해당하므로 이를 산림 사업 계획으로 분리해서 운영하는 것이 타당하다. 즉, 산림 경영 계획이 시간 관리 계획이고 산림의 지속 가능한 경영을 조정하는 중장기 계획이라면, 산림 사업 계획은 장소에 따라 단기적으로 실행해 결과를 얻는 것이므로 차별 관리해야 한다.

산림 경영에서 중·장기계획과 단기계획을 구분해서 관리해야 하는 이유는 생산 기간의 장기성과 산림 기능의 지속적 관리 때문이다. 중·장기계획은 정부가 주도해 관리할 대상이고, 단기 사업계획은 경영 구역을 담당하는 경영자 또는 경영주체나 사업을 위탁받은 사업체에서 장소별 사업 목적을 달성하기 위해 행정적으로 관리해야 할 대상이라는 차이가 있다. 일선에서 산림 경영 계획이라 부르는 것은 사실 단기 사업계획이라고 봐야한다.

작업 계획은 작업을 책임지는 관리자가 육하원칙에 따라 계획을 세워 작업자, 작업 장비, 작업 재료 등을 투입하고 생산품을 얻는 것이다. 경영 구역 담당자는 행정적인 사업 계획과 제품을 생산하는 작업 계획을 수립하는 전문가가 되어야 한다. 현장에 행정 관리를 위한 사업 관리자는 있어도 노동 생산성을 관리하는 작업 관리자가 없는 것은 아쉬운 현실이다.

산주별 경영 계획과 지역별 경영 계획

이상적인 경영 규모는 경영 목적과 방법에 따라 다를 수 있으나 최소한 전문 경영기술자를 배치해 운영할 정도의 규모는 되어야 할 것이다. 면적 규모로는 500~2,000헥타르가 되거나 지역별로는 리동 단위에서 읍면 단위는 되어야 한다.

소면적을 소유한 산주는 지번별 또는 소반별 사업 계획을 세워 전체 경영 계획의 일부로 관리할 수 있게 하는 것이 합리적이다. 물론 소유 면적이 크고 집단화되었을 때 독립적인 경영 계획을 세워 관리하면 보다 더 효율적일 수 있다.

현행 산주별 경영 계획 편성 제도를 경영 단지별, 또는 지역별 종합 산림 경영 계획으로 편성해서 산주 간 협동을 장려하고 행정 지원 및 경영 관리의 편리성과 효율성을 높일 수 있도록 시스템을 혁신해야 한다.

주체와 공간 규모별 산림계획의 역할 구분

구분	역할
중앙 정부	국가 산림 프로그램
광역 지방 정부	권역별 산지 공간 이용 계획
시 군 지방 정부	산림 경영 종합 계획
경영 구역(읍면)	산림 경영 계획
임반(리동)	연간 사업 계획(행정 관리 대상)
소반(지번)	작업 계획(작업 관리 대상)

산주가 소반별 또는 지번별 사업 계획을 열람할 수 있다면, 굳이 경영 계획을 편성할 이유가 없다. 산림 경영 종합 계획 제도가 정착된다면, 시군 정부는 매년 사업 예정지를 찾아 나설 필요도, 산주들에게 매번 물어볼 필요도 없이 지속 가능한 산림 경영을 이행할 수 있을 것이다.

5장

산림 경영의
계획-실행-평가

경영이란 목표를 달성하기 위해 계획을 세우고 실행해서 결과를 모니터링하고 평가하는 것이다. 이 과정에는 산지, 산림, 인력, 기술, 정보 등이 필요하다.

산림 경영을 위한 투입 요소 1, 산지

산지는 소유 규모, 토지 생산력, 지리적 위치라는 특성을 갖춘 가장 기본적인 투입 요소다. 산지는 일정 규모 이상을 갖추고 있어야 지속적인 생산이 가능하다. 그러나 사유림은 규모가 영세해 경영 조건을 갖추지 못한 경우가 많다. 따라서 산림 경영이 이뤄지려면 우선 규모화가 필요하다. 규모화는 국가의 공간 이용 정책, 즉 산지 구획 및 이용 정책으로 해결해야 할 문제다.

산지 진단하기

산지 생산력은 산지가 가진 토지 생산력을 말한다. 비옥하고 습윤한 산지는 생산력이 높고, 건조하고 바위투성이인 산지는 생산력이 낮다. 산림 생산력은 수종 배치와 관리 상태에 따라 차이가 크다. 산지 생산력 1급지에 금강소나무를 심으면 연간 평균 $12\,m^3$/ha씩 생장할 수 있지만 신갈나무를 심으면 $6\,m^3$/ha에 불과하다.

산지의 생산력을 평가해서 생산 등급별로 면적과 분포 상태를 알 수 있다면 수종 배치와 생산 및 재적 관리의 목표를 세우기가 쉬워진다. 스위스의 사례를 보자.

스위스의 산지 생산 능력별 비율	
연간 평균 물질 생산량	분포비
1.5 t/ha 이하	13%
1.5 ~ 3.0 t/ha	31%
3.0 ~ 4.5 t/ha	34%
4.5 t/ha 이상	22%

위 사례에 따르면 전체적으로는 평균 $7\,m^3$/ha씩 생장할 수 있는 산지를 갖춘 셈이다. 이러한 정보는 국가 산림 조사를 통해 얻을 수 있다.

산지의 생산력을 평가하는 것은 산림 경영 기술자들이 갖추어야 할 기본 능력이다. 지형 분석과 산림형[29]을 알 수 있다면, 산지 생산력에 대한 상대 평가가 가능하다. 토양 성질은 지형 조건에 의해 결정된다는 이론도 있고, 실제로 토양의 생산력을 나타내는 지표는 산림형으로 나타나기 때문이다. 예컨대 구릉지보다 산악지가 생산력이 높다. 경사 길이가 길수록, 사면이 하강상태^{볼록형}일수록, 경사도가 완만할수록 산지 생산력이 높다. 산림형은 활엽수의 구성 비율이 높을수록 산지 생산력이 높다.

이 모든 것은 토양 수분과 밀접한 관련이 있다. 토양의 단면을 조사하면 더 정밀하게 평가할 수 있으나 노력과 시간이 많이 소요된다. 좀 더 쉬운 평가 방법으로 지표식생에 의한 방법과 지위지수[30]에 의한 방법이 있다. 이 중 지위지수는 숲의 나이와 우세목 수고를 측정해 지위지수 도면에 대입해보면 쉽게 추정할 수 있다.

지위지수를 통해 산지 생산력을 알게 되면 수확표를 이용해

---

29 환경에 따라 나타나는 산림의 구성 및 수종의 변화로 분류한 체계. 임형이라고도 한다. 수종과 나이가 동일한 일제림, 연령과 키가 달라 수관이 두 개 이상 층으로 이루어진 복층림 등으로 구분할 수 있다.

30 지위를 판정하기 위해 수종별, 지역별로 기후, 지세, 토양조건 같은 환경요인을 조사하고 점수화한 것. 지위지수가 높을수록 토지 생산력이 높다.

경영 목표 설정과 사업종별 사업 시기 추정이 가능해진다. 산지 생산력 평가는 적지적수[31] 조림과 경영 체계를 세우는 기본이므로 중·장기 산림 계획 편성자는 전문적인 지식과 기술을 갖추어야 한다.

지금도 수종 배치를 보면 과학적 근거를 따르지 않고 공급된 묘목에 따라 결정하는 경우가 많다. 개인 산주가 나무를 심고 싶어 시군 산림과를 찾아가면 정부에서 지원하는 수종이 매우 제한적이다. 결국 산주는 주어진 밥상에서 밥을 먹을 수밖에 없다. 물론 지금은 과거보다 반찬이 조금 다양해졌지만, 여전히 한계가 많다. 정부는 산지 생산력에 대한 정보를 근거로 조림 수종을 배치하고, 조림 수종의 배치 계획에 따라 묘목을 생산·공급하는 시스템으로 전환해야 한다.

산지 이용과 토지 공급 기능

산지의 소유 형태는 국·공유림과 사유림으로 구분된다. 한국은 사유림이 67%에 달해 다른 국가에 비해 사유림의 비율이 높기 때문에 사유림 관리 정책에 특별히 관심을 쏟아야 한다.

산지는 토지 공급 기능이 있다. 인구가 늘어날 때 산지가 농토

---

31 한 입지에 가장 잘 적응할 수 있는 나무

지속 가능한
산림 경영 철학

와 마을을 조성하는 데 사용되었으며, 산업화와 도시화가 진행될 때 산지와 농지를 활용해왔다. 산지는 목재와 부산물을 생산할 때보다 다른 용도로 전환할 때 가치가 높아진다. 따라서 어떤 산주는 토지 공급을 염두에 두고 산지를 소유하기도 한다. 임업 경영 측면에서 산주와 갈등이 생기는 근본적인 이유다.

임업용 산지를 지키는 '절대보전임지'라는 법 제도가 있긴 하지만, 지키기가 만만치 않고 전용 가능 대상지로 미리 정해준 준보전임지도 의미가 없어 보인다. 산지 보전을 위해 산림 당국에서 노력하고 있지만 많은 어려움이 있다. 따라서 산지의 보전과 이용을 합리화할 새로운 방법을 모색해야 할 시점이다.

임업을 지키기 위해 산지를 지킬 것이 아니라, 산림의 공익 기능을 위해 지켜야 할 산지인지 아니면 사회 발전을 위해 전용할 수 있는 대상인지를 심의하는 시스템이 필요하지 않을까 싶다.

도시의 경우는 인간의 생태적 삶을 지키기 위해 숲으로 지켜야 할 한계선을 제시해주고, 전용이 불가피할 경우에는 전용 면적만큼을 숲으로 조성하게 한다. 바로 녹지총량제도다. 지역에서도 산지를 전용할 때 자연 보전과 임업 경영, 지역 농업에 피해가 없는지 확인하고, 토지 이용 협의회에서 도로 등 공공시설의 보호와 경관 보전에 대한 문제 여부를 따지는 등 새로운 토지 공급 시스템을 세워야 할 것이다.

산림 경영을 위한 투입 요소 2. 산림

한국의 산림은 평균 임목축적이 150 m^3/ha이고, 숲의 나이가 40년생 내외다. 간벌재나 바이오매스로 생산해서 이용하는 시대가 되었다. 이를 목표 축적 250 m^3/ha까지 올리려면 아직도 40년 이상이 걸리고, 지속 생산 구조를 갖추려면 지금이 최적기이자 마지막 기회일 수도 있다.

현재의 산림 상태로 보아 목재 생산 임업과 숲의 나이 구조 조정을 위해 조림 사업을 체계적으로 다시 추진해야 할 시기다. 조림 사업은 한번 하고 끝나는 것이 아니다. 산림을 경영하는 한 매년 반복되는 일이다.

우리나라 산림 중 경영 가능한 면적을 500만 헥타르로 계획하고, 산림의 벌채 시기를 100년으로 설정할 경우 연간 조림 면적은 5만 헥타르까지 가능하다. 온대지방 평균 산림 생장량이 1헥타르당 6 m^3이므로, 연간 3 m^3을 생산하고, 3 m^3을 산지에 저축하면 40년 후 250 m^3/ha까지 끌어올릴 수 있다.

우리나라 산림 전체로 보면 목재는 연간 1,500만 m^3을 생산하고, 그와 동일한 재적을 산지에 저축하는 것이다. 이런 과정을 반복하면 우리는 지속적으로 목재를 생산하는 동시에 우리 숲을 유용한 수종으로 개선해나갈 수 있을 것이다.

지속 가능한
산림 경영 철학

나무 진단

나무는 그 크기와 모습이 천태만상이다. 나무를 보는 자의 사상과 철학에 따라 이상적인 나무의 모습도 모두 다를 수 있다. 경제적 가치를 따져서 곧고 굵고 큰 나무를 높이 평가하는 사람이 있는가 하면, 경관적 가치를 따져서 크고 곧고 웅장한 나무를 높이 평가하는 사람도 있을 것이고, 동양화에 나오는 것처럼 휘고 비틀어진 소나무를 높이 평가하는 사람도 있을 것이다.

시대에 따라 나무에 대한 가치도 변해왔다. 그럼에도 곧고 굵고 큰 나무일수록 경제적 욕구를 충족시키는 한편, 다양한 생명체가 살아가는 삶터를 제공하고 경관과 휴양의 욕구를 충족시킬 기회가 많다.

나무를 진단하는 이유는 숲을 안정적으로, 활력 있게, 건강하게 그리고 가치 있게 관리할 방법을 찾기 위함이다. 먼저 숲의 안정성을 높이려면 나무의 수고와 직경을 보고 기상재해에 대한 위험도를 낮춰줘야 한다. 나무의 안정도는 수고^{Height}와 가슴높이 직경^{Diameter}의 비율로 지표를 삼고 있다. 예컨대 직경 10cm에서 H/D값이 100이라 함은 수고 10m/직경 10cm와 같다. 보통 H/D 값이 100이 넘으면 나무줄기의 몸통은 부실한데 키만 큰 꼴이다. 이런 경우 병충해, 돌풍, 태풍의 피해를 입을 수 있으므로 빨리 솎아내야 한다.

숲 속에서 나무들이 활력 있게 자라려면 광합성량이 많아야 하는데, 이는 수관의 양과 관계가 깊다. 수고에 비해 수관의 길이가 길수록 활력이 높다. 이상적인 형태는 수관의 길이가 수고의 1/2이 되는 것이다. 수관이 1/2 이상 발달한 경우는 조경수나 유실수를 키울 때이다.

수관의 길이가 수고의 1/3~1/4까지라면 적정선에 들어갈 수 있지만, 1/4 이하가 되면 직경 성장이 어려울 수 있어 솎아베기를 해야 한다. 나무의 건강도는 광합성을 하는 잎의 양에 의해 결정된다. 지나친 밀식이나 병충해 또는 환경오염으로 건강을 잃을 수 있다. 대개 밀식된 환경에서 자란 나무들이 병충해와 환경오염에 취약하다. 병에 걸린 나무들은 위생 간벌과 시비, 병충해 방제 기술로 해결해야 한다.

나무의 경제적 가치는 목재뿐 아니라 과실, 수액, 칠, 약재와 식량 등으로도 평가할 수 있다. 밤나무, 호두나무, 대추나무, 감나무 등은 대표적인 유실수이고 옻나무와 황칠나무 같은 칠도 유용한 약재로 이용된다. 후박나무와 느릅나무도 약재로 이용되듯이 나무는 다양한 가치를 지닌다.

그러나 임업의 경제적 가치를 대변하는 것은 목재다. 고가의 목재를 생산해야 소득과 재산 가치가 올라가기 때문에 우량한 나무를 고루 배치해 키우는 것이 바람직하다.

우량목을 찾아 관리하는 방식을 미래목 경영 방식이라 한다. 수종과 생산 목표 직경에 따라 적정 본수를 찾아 적정한 간격으로 고루 배치하는 것이 이상적인 산림 관리다.

여기서 미래목이란 안전성과 활력이 높으며, 건강도 좋을 뿐 아니라 나무의 형질도 우수한 곧은 나무를 뜻한다. 이러한 나무를 찾아 고루 배치하고 우량재로 키워나가는 것이 임업의 기본이다.

물량 위주의 목재 생산은 생장량에서 월등히 앞서는 열대 지역 산림과의 경쟁에서 살아남을 수 없다. 따라서 물량 위주로 생산하는 임업국에서 고급재를 생산하는 임업국으로 나아가야 한다. 그러기 위해서는 나무를 상품으로 보고 선목[32]하는 지식과 기술이 반드시 필요하다.

산림 경영을 위한 투입 요소 3. 인력

산림 경영에 투입되는 인력은 산주와 산림 경영기술자, 작업

---

32 임목이나 임목집단 중 목표 개체를 고르는 것으로, 미래 재목이나 생태 및 경관상 보호해야 할 나무를 선발하는 행위를 의미한다. 키우고 보호할 나무를 선정하는 포지티브 방식과 불량한 형질목, 병충해목, 경합목을 선정하는 네거티브 방식이 있다.

자로 구분할 수 있다. 사유림의 경우 213만 명이 넘는 산주가 있다. 앞서 제안했듯이 우리 숲은 최소한 6만 6,000명의 전문 인력을 상시 고용할 수 있는 일터다.

문제는 산주들이 경영에 참여할 여건이 마련되어 있지 않다는 점이다. 기술자들은 있는데 이들을 고용할 경영 조직이 없어서 정부 보조 사업에 사업자로 참여하거나 목재 생산업자에게 고용될 수밖에 없다.

우리나라의 숲은 기후와 회계 처리 때문에 대부분 3~5월과 9~11월에 일감이 몰려 있다 보니 산림 노동자들에게 안정적인 직장이 되지 못하고 있다. 국가 보조 사업장이나 원목생산업자를 따라 목재 생산 사업장을 떠돌아다니는 처지이니, 전문 인력이 붙어 있기 힘들다. 전문 인력이 경영과 작업에 책임지고 참여할 수 있는 여건이 마련되어야 젊고 우수한 인재 양성이 가능하다.

산림 경영을 위한 투입 요소 4. 기술

기술 투입은 곧 기계화를 의미한다. 여타 산업은 기계화 시대를 지나 자동화로 나아갔고, 이제는 IT 기술을 넘어 4차 산업혁명이 도래하고 있다. 그러나 우리 임업은 여전히 도구형 기계와 소형 굴삭기 동력 시대에 머물러 있다. 그러다 보니 노동 생산성

지속 가능한
산림 경영 철학

과 산주 소득이 낮아 산림 경영이 더욱 불리해지고 있다. 경영 기반인 임도 밀도가 절대적으로 부족하고, 목재 생산 사업은 영세한 원목생산업자에게만 맡겨두고 있어 고성능 기술이 투입되지 않은 데서 그 원인을 찾을 수 있다.

지속 가능한 생산, 지속 가능한 소득, 지속 가능한 재적 유지를 위해서, 또한 최소한 1인이 하루 5 m^3 이상은 일할 수 있도록 기술 개발과 지원 정책이 마련되어야 우리 숲이 정상화될 수 있다.

산림 경영을 위한 투입 요소 5. 정보

산림을 경영하려면 과거의 산림 관리 역사와 산림의 생육 상황 그리고 임산물 시장에 대한 올바른 정보가 있어야 한다. 그런데 안타깝게도 우리는 산림 경영 계획과 숲의 관리 기록을 제대로 하지 않아 숲의 역사를 알 수가 없다.

산주들이 자기가 소유한 숲의 가치를 알 수 없을 뿐 아니라 시장가도 알기 어렵다. 그래서 목재 생산업체에 값싸게 팔 수밖에 없어 소득성이 떨어진다. 경영 주체가 없으니 문의하기도 어렵고, 대부분 도시에 거주하니 소통도 어려운 실정이다. 산림 경영을 위해서는 산림 생태 정보뿐 아니라 소유주와 관리 기록 같은 정보가 체계화되어야 한다.

지난 10여 년간 산림 생태에 대한 정보는 많이 축적되어 있으나, 운영 관리에 필요한 정보는 한걸음도 나아가지 못하고 있다. 사회는 점점 데이터 테크놀로지 시대로 가는데, 이것이 산림 경영의 현실이다.

국가는 산림 경영의 정책 목표를 달성하기 위해 소유별 산림 투입 요소를 진단하고 이에 대한 대책을 세워나가야 한다. 산지의 경영 규모화는 어떻게 할 것인지, 산림의 영급 관리와 생산 구조는 어떻게 정비해나갈 것인지, 산림 경영에 투입할 인력 고용 및 전문성은 어떻게 합리화시켜 나갈 것인지, 그리고 어떻게 기술 수준을 높여 생산성과 이윤율을 높여 나갈 것인지 방법을 찾아야 한다. 또한 산림 경영 관리 정보를 어떻게 수집하고, 이를 통해 어떻게 합리적인 의사결정을 이루어나갈 것인지 대책을 세워야 한다. 그래야 지속 가능한 경영 방안을 강구할 수 있다.

산림 경영 결과 진단하기

산림을 제대로 경영하려면 투입 요소들을 진단해 계획을 세우고 기술을 도입하고 작업 관리를 통해 결과를 산출해야 한다. 이 결과는 산림이 지니고 있는 경제, 사회, 생태, 경관·문화 기능으로 나타난다. 이들 기능이 얼마나 높고 얼마나 지속성이 있는가는 산림의 생산성으로 나타난다. 즉 투입된 총비용 대비 산출물의 총 가치와 같다.

경제적 산출 결과는 ❶재산 가치 증대 ❷임산물의 공급량 ❸산주의 소득으로 나타난다. 재산 가치는 산림의 양적 성장인 재적의 증대와 질적 가치 증대로 얻어지는 시장가치와 같다. 재적 증대는 자연의 힘에 의해, 시장가치는 산림 경영에 종사하는 인력의 기술과 기능에 의해 높아진다. 적지적수 기술 부족, 조림지와 어린 숲 가꾸기의 기술 부족 등으로 우리 숲의 경제적 형질이 낮은 것이 현실적 문제다.

우리 숲은 아무리 보수적으로 잡아도 연간 $4\,m^3/ha$ 이상은 자라고 있으므로 50%만 생산·공급하더라도 목재 생산량이 연간 1,000만 m^3은 넘어야 원료 공급 기능을 할 수 있다. 그런데 아직도 500만 m^3를 넘기지 못하고 있다. 또한 산주 소득은 시장가의 30~40%는 되어야 하지만 크게 낮은 실정이다. 그 원인은 생산재의 품질 관리, 낮은 노동 생산성과 고임금, 시장 정보 부족과 생산 유통 지원 체계 미비 등에서 찾을 수 있다.

순천에 사는 서승욱 씨는 연간 편백 $40\,m^3$을 생산, 가공, 유통하면서 전업 생활을 하고 있으며, 진부에 사는 이충일 씨는 낙엽송 간벌재 500㎥으로 전업 생활을 하고 있다. 일본 지방 산림 조합은 연간 편백 300헥타르를 간벌해 조합 운영비를 충당할 수 있다고 한다. 전문 지식과 기술, 정보가 있어서 소득을 높일 수 있기 때문이다. 일본의 경우 간벌재 생산에 정부 보조금과 고성능 기계가 지원되며 직원들의 기술 수준이 높은 것이 소득 증대의 배경이라는 것을 잊지 말아야 한다.

지역 주민의 생활에 직·간접적으로 도움을 주고 고용을 창출하는 것은 산림의 사회적 기능의 결과물이라 할 수 있다. 그런데 IMF 시기에 숲 가꾸기 공공근로사업으로 산림의 사회적 기능은 올라갔으나 고용의 질이나 노동 생산성은 나아지지 않고 있다.

숲에서 여가와 휴양을 즐기려는 국민들의 욕구가 늘어나고, 정부는 생애주기별 산림 복지 서비스를 제공하고자 한다. 또한 숲이 울창해지면서 야생 동식물의 서식처가 회복되고 맑은 물을 제공하고 대기를 정화하는 능력이 올라가고 있다. 이는 산림의 생태적 서비스와 경관적·문화적 서비스 가치가 높아지고 있다는 뜻이다.

우리나라 산림 경영의 산출 결과를 종합적으로 평가하자면, 경제적·사회적 가치는 낮고 생태적·경관적 가치는 현상을 유지하는 수준이다. 산림 경영의 생산성을 투입비 대비 산출 가치로

지속 가능한
산림 경영 철학

평가한다면, 우리나라는 산림 생산성이 낮아 산업으로서 임업의 갈 길이 아직도 멀게 느껴진다.

산림 경영의 목표 관리 설정하기

산림 경영의 목표는 국가와 지역 그리고 소유주의 경영 철학에 따라 다를 수 있다. 시대에 따른 수요자들의 요구에 따라 변화될 수도 있다.

기본적으로는 경영 주체들이 생각하는 이상적인 숲의 모습이 경영 목표가 되어야 할 것이다. 국가 차원에서 보는 이상적인 숲은 첫째, 국가에서 필요로 하는 원료를 지속적으로 생산하는 것이고 둘째, 숲이 지니고 있는 생태적 가치를 유지하는 것이다. 셋째는 국민들의 일자리와 소득을 안정시키면서 휴양 서비스를 공급해 국민들을 행복하게 하는 것이다.

물론 공간과 시간 조건에 따라 순서는 달라질 수 있으나 세 가지 기본 목표는 변함이 없을 것이다. 국가에서는 이러한 목적을 달성하기 위해 프로그램을 마련하고 계획을 세워 추진해야 한다.

개인 산주들은 산림을 소유하는 목적에 따라 경영 목적이 다양해질 것이다. 기본적으로 경제적인 재산 가치를 높여 소득을 높이길 희망할 것이며, 문화적으로는 선산으로 유지하려는 산주도 있을 것이다. 산주들의 다양한 욕구는 국가 공동체가 요구하는 산림 경영 목표와 일치하도록 조정해나가야 한다.

국가든 산주 개인이든 경영 목표를 세울 때 기본으로 삼아야 할 것은 '수종과 생산재의 크기와 양 그리고 수목의 형질'이다. 수종은 상품 가치를 제공하는 기본 원료이기 때문에 경영 목표에서 가장 먼저 정해야 한다. 다음으로 생산재의 시장성을 고려해 생산재의 크기와 수량, 즉 생산재의 흉고직경과 단위 면적당 생산할 목재의 양을 설정해야 한다. 우량한 목재를 생산하고자 할 때는 크기와 헥타르당 생산 본수를 정해야 한다.

국가에서 설정한 경영 목표는 수종별 생산재의 직경으로 제시하고, 지속적인 공급을 위해 영급 관리 또는 경급 관리를 해야 한다. 목표는 경제적 정보와 생태적 정보를 바탕으로 설정한다. 예를 들어 독일 헷센주에서는 참나무 목표 직경 70cm, 유용활엽수와 가문비나무 50cm, 소나무 55cm, 낙엽송과 더글라스퍼Douglas fir 60cm를 국유림 경영 목표로 추천하고 있다. 침엽수와 활엽수 비율은 장기적으로 50:50으로 유도하는 것이 목표다. 이 경우 헥타르당 생산 목표 그루 수는 수종별로 그늘을 견딜 수 있는 지표인 내음도에 따라 다르게 추천한다.

경제적으로 보면 대경재일수록 생산비가 절감되고, 시장 가격이 높아 소득이 증대된다. 생태적으로는 오래된 숲일수록 종 다양성이 높고 토양이 안정되며 경관적으로도 가치가 높기 때문에 장벌기 중대경재 생산 목표로 산림을 경영하는 것이 모두에게 좋다. 이를 근간으로 국가든 개인이든 소유주가 지역의 생태와 경제 조건 등을 고려해 산림 경영 목표를 설정하고 경영 체계를 갖추어야 한다.

지금과 같이 양묘 정책에 따라 정부에서 제공하는 묘목을 심는 방식은 1970년대 녹화 시대에나 쓰던 정책으로 당장 중지해야 한다. 저급한 목재 사용에 의존하는 가공업계와 중간 상인들에 의해 결정되는 벌기령 등 비합리적인 경영 방식을 지양하도록 산림 경영 정책도 혁신해야 한다.

지역의 산림 기능에 맞게 계획을 세워 소유주와 관계없이 경영 목표와 경영 시스템을 공유하고, 전문적으로 경영할 수 있도록 경영 조직을 편성하고, 전문가가 경영하도록 제도를 발전시키자. 산주에게 맡기는 자율 경영이 효율적으로 보일 수 있으나 현실적으로 불가능한 일이므로 국가가 주도하면서 산주들이 따라오게 하는 방식이 우리 숲과 사회가 처한 현실에 적합할 것이다.

대관령 숲. 맑은 물과 산소를 공급하고 국민에게 휴양의 기회를 선물하고,
수십만 명에게 일터를 제공할 수 있다.

6장

100년 숲을
만들자

현실적 조건을 고려한 100년 숲 계획하기

우리는 산림을 경영할 때 이상적인 숲의 모습을 생각해야 한다. 이상적이란 말은 꿈속에 그리는 모습을 말하는 것이 아니라 입지 환경과 경제적 조건을 모두 맞추는 것을 뜻한다.

이상적인 숲은 다른 의미에서 정상적인 숲을 뜻한다. 임업 경영 교재에서는 정상적인 숲을 법정림法定林이라 부른다. 법정림은 독일의 산림 경영 철학에서 나온 단어라 이해하기 어려워서 나는 이상림理想林이라 부르고 싶다.

법정림 경영 방법은 19세기 초에 지속적인 목재 생산을 위해 제안된 것이지만 기본 원리만큼은 지금까지도 그대로 적용되고 있다. 산림의 경제 기능 중 하나인 목재를 지속적으로 공급하기 위해서는 갖추어야 할 이상적인 조건이 있기 때문이다.

그 조건은 ❶ 이상적인 축적 ❷ 이상적인 영급별 면적 ❸ 이상적인 생장량을 갖추는 것이다.

이상적인 축적

수종별 비율과 벌채 시기를 바탕으로 결정할 수 있다. 입지 조건이 보통이고 침엽수와 활엽수 비율을 각각 50%로 배치하고, 흉고직경 40cm 이상을 생산한다고 가정해보자.

온대지방에서는 총 평균 생장량이 연간 $6\,m^3$/ha이므로 이상적인 축적은 벌기령 100년을 기준으로 하면 $300\,m^3$/ha이 된다. 온대지방에서 이 정도 축적을 보유한 국가는 독일, 오스트리아, 스위스 등이다. 한국은 반세기 전의 축적이 불과 $10\,m^3$/ha였지만 현재는 $150\,m^3$/ha 이상으로 늘어났다. 앞으로 반세기를 더 관리해야 이상적이고 정상적인 숲을 보유할 수 있을 것이다.

이상적인 영급별 면적

연령대를 10년 단위로 관리하는 방식을 영급이라고 부른다. 이상적인 영급이란 다양한 연령대가 함께 자라게 하는 경영 방식이다. 어떤 국가에서는 영급 단위를 5년, 20년으로 사용한다. 한국은 평균 Ⅳ영급으로 31~40년생 숲이 대부분이다. 벌기령이 100년이라면 영급 열 개가 있어야 하고 영급별 면적비가 동일해야 이상적인 경영, 즉 지속 가능한 경영이 가능하다. 한국의 숲은 Ⅲ, Ⅳ, Ⅴ 영급에 치중해 있고 어린 숲과 오래된 숲이 없다는 문제점을 안고 있다. 우리 사회에 어른과 노인은 없고 청소년과 청년만 가득하다면 어떤 문제가 발생할까? 숲도 마찬가지다.

이상적인 생장량

나무의 생장은 기후대에 따라 다르다. 온대지방의 경우 동일한 입지 조건일 때 침엽수와 활엽수의 총 재적 성장량이 다르게 나타난다.

입지 조건이 우수한 지역에서 강원도 소나무는 연간 $12\,m^3/ha$까지 자랄 수 있으나 신갈나무는 $6\,m^3/ha$ 정도 자란다. 이들을 각각 50%씩 분포시킨다면 총 평균 재적 생산량은 $9\,m^3/ha$이 된다.

입지 조건이 보통인 곳은 $6\,m^3/ha$, 불량한 곳은 $3\,m^3/ha$으로 구분할 수 있다. 따라서 이상적인 생장량은 입지 조건과 수종 구성에 따라 각기 다르다. 국가 전체로 보아 입지 조건이 보통이라면 연간 $6\,m^3/ha$씩 성장할 수 있으므로 이를 토대로 연간 원료 공급량을 추정할 수 있다.

이상적인 영급을 바탕으로 이상적인 경급을 유지하기 위해서는 솎아베기를 적절한 시기에 실행해야 한다. 나이테가 나이에 상관없이 고루 성장할 수 있게 하는 것이 이상적인 경영 관리라 할 수 있다. 이렇게 영급 단위로 산림을 경영하는 것을 영급림 경영 방식이라 하는데, 한국에서는 영급 경영 시스템도 아직 체계화되어 있지 않다. 지금 이 시기를 놓치면 미래에는 영급의 균형을 잡는 것이 더욱 힘들어질 것이다. 오늘날 한국 사회의 급속한 고령화를 막을 길이 없는 것과 같다.

영급림 경영과 항속림 경영[33]이 필요하다

산림 경영에 대한 사상과 철학, 관리 방법은 산림 경영의 선진국인 독일, 스위스, 오스트리아 등 중부 유럽 국가에서 주로 개발하고 정리해왔다. 이런 경영 방법의 발전사를 잘 이해하고 한국의 입지 조건과 수종에 맞는 경영 방법을 발굴해 정착해나가야 한다.

유럽의 임업 선진국에서는 20세기 초까지는 최대 성장량, 최대 소득을 얻기 위해 침엽수 단순림으로 영급림 경영을 했다. 그러나 태풍과 돌풍, 병충해 피해로 인해 경관이 훼손되고 생물 다양성이 감소하는 등 공공 기능이 훼손되는 것을 경험하면서 전

---

33 독일인 알프레드 뮐러(Alfred Müller)가 명명한 경영방법. 산림은 영원히 지속해야 한다는 이념을 근간으로 하며 산림 경영의 가장 근본적인 사상으로 발전해왔다. 오늘날에는 지속 가능한 산림경영과 같은 의미를 가진다.

통적인 영급림 경영을 좀 더 자연친화적인 방식으로 발전시켜 나가고 있다.

임업에서는 산림의 경영 관리 시스템을 맹아림 경영, 영급림 경영, 교림유도 경영, 항속림 경영으로 분류한다. 독일어로는 베트리에브스아르트^{Betrienbsart}, 영어로는 시스템 오브 매니지먼트$^{System\ of\ Management}$, 또는 실비컬쳐럴 시스템$^{Silvicultural\ System}$, 워킹 메소드$^{Working\ Method}$라고 부른다. 이 용어가 일본을 거치면서 '갱신 작업종'이라는 매우 어려운 말로 소개되었다. 지금 번역한다면 그냥 '산림 경영 시스템'이라고 불러도 좋을 것 같다.

맹아림 경영은 맹아가 발생하는 활엽수림을 키가 10m 내외인 낮은 수고로 순환 벌채하는 방식이다. 영급림은 인공 또는 천연의 힘으로 갱신시켜 수고 20~30m가 되는 큰 나무 숲으로 관리하면서 수확은 모두베기 방식을 취하는 경영 시스템이다. 교림유도 경영 방식은 흔히 천연림 보육이라고 부르는데, 자생적으로 자란 어린나무들을 큰 나무 숲으로 유도하는 방식을 말한다.

오늘날 산림의 생태적 기능과 경관적 기능이 더욱 중요해지면서 공익적 기능과 경제적 기능을 동시에 추구할 수 있는 경영 시스템을 찾게 되었는데, 대표적인 방법이 항속림 경영이다. 오래전부터 농민들이 써왔던 방법이기도 하다. 벌목하는 곳을 분산한다고 해서 산벌식 갱신, 여러 군데에 작은 구획을 정해서 수확한다고 획벌식 갱신, 선택적으로 필요한 나무를 벌목한다고 해서 택벌림 경영이라고 부르는 모든 방식이 항속림 경영에 해당된다. 항속이란 해당 산지에 항상 숲이 있다는 뜻이다.

숲의 경영 관리 시스템이 변화해온 이유는 산업화와 사회 변화에 맞추기 위함이다. 산업혁명 이전에는 산림 에너지를 이용했기에 맹아림 경영이 주가 되었다. 우리나라는 반세기 전까지만 해도 산림 에너지에 의존하느라 땔감 확보가 산림을 파괴하는 주된 원인이었다. 그 후 목재의 경제적 가치가 높았던 시대에는 영급림 경영 시스템으로 발전했다.

맹아림의 용도가 낮아지자 산주나 산림 경영자들은 이를 큰 나무 숲으로 유도하는 경영 시스템을 채택했고, 환경운동의 확산과 숲의 생태적 가치에 대한 인식이 높아지면서 택벌림 경영 시스템이 발전하게 된 것이다.

우리 사회도 20세기 말부터 급격하게 도시화, 산업화되면서 산림의 공익적 가치, 즉 생태적 기능과 경관적 기능에 대한 요구가 높아지고 있다. 산림 경영 시스템도 이에 맞추어 변화·발전되어야 하고, 그렇게 갈 수밖에 없을 것이다.

도시 숲은 항상 푸르고 아름다운 경관을 유지해야 하고, 댐 상류에는 수자원 함양 때문에 늘 숲이 있어야 한다. 그래서 산림 경영에 항속림 경영 시스템을 도입하는 것이 불가피한 상황이다.

농산촌 지역은 경제적 기능이 크므로 상대적으로 영급림 경영이 요구된다. 현지의 벌채 지역을 보면 흩뿌려놓듯 헥타르당 50그루 이내의 나무만 남겨두고 있는데, 이는 산림의 경관 기능을 유지하는 흉내만 내고 있는 것이다. 이를 지속 가능한 항속림 경영이라 부르는 것은 결코 받아들일 수 없다. 모름지기 수고는 2m 이상이면서 수관이 어울려 자라는 일정 수준 이상의 나무 무리 즉, 임분林分을 형성해야 숲이라 부른다. 수평적으로는 임분의 밀도가 30% 이상일 때를 숲으로 취급한다. 30% 이내는 숲이라 부르지 않고 미입목지라고 한다. 헥타르당 50그루만 남기는 것은 숲을 미입목지로 만드는 일이다. 이런 형식적인 일에 시간을 허비하지 말고, 그 지역의 숲이 어떤 기능을 해야 하는지 살펴보는 데 시간을 투자하기 바란다.

이제 우리도 한국적인 지속 가능한 산림 경영 시스템을 만들어야 할 때다. 산지가 험준하고 경영 기반도 갖춰지지 않은 상태에서 산림의 공익 기능에 대한 수요는 점차 강해지므로 이러한 조건을 만족시킬 수 있는 수종별 영급림 경영과 항속림 경영 시스템 개발을 서둘러야 할 것이다.

산주가 되고 싶은 사람을 위한 제언[34]

"어이, 이강오 씨, 우리 형님이 자네를 한번 봤으면 해. 우리 집에 한 3만 평 정도 되는 선산이 있는데 이 산을 어떻게 하면 좋을지 모르겠단 말이지. 얼마 전에는 자작나무 수액을 채취하는 사람이 우리 산을 20년간 임대해달라던데, 지금 있는 소나무들이 좀 아깝기도 하고. 어떻게 해야 할지 한번 와서 봐줬으면 좋겠는데."

50대 중반인 황 선생의 제안이었다. 요즘 책을 쓰고 있다 하니, 이런 질문을 곧잘 듣는다. 213만 산주가 1인당 평균 2.2헥타르 정도 되는 산을 가지고 있다. 산주가 200만 명이 넘는다니, 한

---

34 산주가 되어 산림 경영을 하고자 하는 이들을 위해 이강오가 현실적 여건을 고려하여 상상해서 쓴 글이다

집 건너 한집마다 산을 가지고 있는 게 않을까 싶다.

베이비붐 세대를 기준으로 생각해보자. 연로하신 부모님과 평균 사형제가 있다면 이들 가족은 20명 내외다. 지금이야 화장과 납골당이 대세이지만, 10~20년 전만 하더라도 어르신들은 할아버지를 모신 선산에 자신의 장지를 미리 정해두었다. 사정에 따라 다르겠지만 상당수가 이런 방식으로 선산을 갖고 있다. 연초에 돌아가신 장인 어르신도 선산에 당신 묘지를 미리 준비하신 덕분에 자식들이 큰 어려움 없이 장례를 치를 수 있었다.

최근에 아이들 이모부가 강릉에서 은퇴를 준비하며 산을 샀다. 강릉에서 교사로 오래 근무했고 이 지역 학원가에 꽤 이름도 알려진 수학 선생이다. 50대 중반인 이모부는 산에서 약재나 산채 채취하는 것을 즐기시더니, 몇 년 전에 호두나무 재배를 시작했다. 2년 전에는 부부가 함께 강릉임업기계훈련원에서 임업후계자[35] 과정을 수료하더니 아예 대관령 아래에 땅 1만 여 평을

---

35 농림부령이 정하는 요건을 갖춘 자 중에서 임업의 계승 및 발전을 위해 임업을 영위할 의사와 능력이 있는 사람을 선발해 임업후계자라 부른다.
자격 조건은 50세 미만인 개인독림가의 자녀, 산림을 5헥타르 이상 소유했거나 10헥타르 이상의 국유림 또는 공유림을 대부받거나 분수림을 설정받은 자, 5헥타르 이상 산림을 소유하고 임업분야 학과를 졸업한 고졸 이상, 또는 임업관련 학과 졸업한 전문대졸 이상 등이다.

산 것이다. 조만간 지금 있는 소나무를 벌채하고 호두나무를 심을 거란다.

구례 지리산국립공원 내에 산을 가지고 있던 고향 친구 어머니도 30년 만에 전화를 하셔서 그 산에 뭔가 해보고 싶다 하신다. 여생을 마치기 전 자식들에게 뭔가 의미 있는 재산을 물려주고 싶은 눈치다. 서울에 사는 셋째형 친구는 돌아가신 아버님이 물려주신 고향 순천에 있는 숲을 어떻게 경영해야 할지 고민이라며 함께 저녁을 먹자고 했다.

산주라고 하면 대부분 노인이라 생각하겠지만, 이미 그 산은 자식들에게 물려주었거나 곧 물려주게 될 것이다. 산주들의 현황을 자세히 조사해봐야겠지만, 베이비붐 세대 상당수가 부모에게 산을 물려받고 있다. 물려줄 자식이 없어서 산을 팔더라도 은퇴를 준비하는 베이비붐 세대가 산주가 될 가능성이 높다.

숲에는 전혀 관심 없이 도시에서 직장을 다니고 사업을 하던 사람들이 은퇴 후 숲에서의 인생 2막을 꿈꾼다. 산주도 세대교체가 이루어지고 있다. 그래서 이 글에서는 만약 나에게 숲이 있다면 어떻게 하는 게 좋을지, 산주 또는 예비 산주들에게 제안하고자 한다.

첫째, 큰돈을 벌수 있다고 생각하지 마라. 자연을 벗 삼아 행복한 삶을 사는 것이 목표가 되어야 한다.

둘째, 숲을 경영하는 일은 당대에도 어느 정도 소득이 되지만, 무엇보다 다음 세대에 지속 가능한 유산을 물려줄 수 있다. 건물은 시간이 지나면 가치가 하락하지만 숲은 시간이 갈수록 가치가 커지는 유일한 자산이다. 물론 적절한 돌봄이 필요하다.

셋째, 숲은 살아서는 국민의 재산이고 죽어서야 산주의 재산이 된다. 숲을 가꾸는 과정에서 생기는 간접적인 이익은 모두 국민에게 돌아간다. 살아 있는 나무를 베어 수확할 때 비로소 산주의 재산이 된다.

숲을 가꾸는 것은 모두를 위한 일이니, 나무를 벨 때는 신중해야 한다. 그리고 되도록 한꺼번에 모든 나무를 없애지 말고, 지속 가능한 수확 시스템을 만들어 나무의 99%가 산지에 남아 있도록 계획하는 것이 나와 후손, 그리고 국민 모두를 위해 좋은 일이다.

넷째, 숲은 6차 산업이다. 목재를 생산하는 1차 산업이자 이를 가공하여 가구를 만드는 2차 산업이고 숲이 성장하는 과정에서 다양한 휴양과 레저를 제공하는 3차 산업을 동시대 한 장소에서 복합적으로 만날 수 있다. 그래서 숲은 6차 산업이다.

그러나 1차 산업의 1이 없이는 6은 만들어질 수 없다. 기본인 1차 산업에 충실하여 그것을 바탕으로 2, 3차 산업이 융합되게 해야 한다.

다섯째, 숲에서 목재 생산만 고집할 필요는 없다. 숲은 오랜 기간 경영해야 하므로 단기간에 소득을 낼 수 있는 다른 사업을 함께 고려해야 한다. 약재와 산채를 함께 생산하거나 닭이나 염소를 키워 혼농임업을 할 수도 있다. 소나무 숲이 좋다면 자연산 송이버섯을, 참나무 숲이 좋다면 표고와 능이버섯을 채취할 수도 있다.

그래서 숲 경영은 '시간과 공간의 예술'이다. 짧게는 20년, 길게는 100년을 잘 계획하고 조율해야 한다. 숲에는 25~30미터에 달하는 큰 키 나무 숲, 15~20미터로 자라는 중간 키 나무 숲, 사람 키 높이로 자라는 작은 키 나무 숲, 그리고 풀과 버섯이 자라는 숲 바닥이 있다. 위아래를 함께 봐야 같은 공간에서도 더 많은 가치를 창출할 수 있다.

동시에 숲에는 능선과 계곡이 반복적으로 나타난다. 물이 풍부한 계곡부에는 수종이 다양할 뿐 아니라 다래와 머루 같은 덩굴식물이 많다. 상대적으로 능선은 건조해서 소나무 단순림이 될 확률이 높다.

자 그럼, 본격적으로 숲으로 들어가보자. 제일 먼저 무얼 해야 할까?

1. 쓸모없는 나무는 없다_ 숲 진단하기

숲을 경영한다고 하면 많은 사람이 이런 말을 한다. "에이, 우리 산에는 쓸모 있는 나무가 없어. 다 베고 다시 심어야 해." "우리나라 산은 원래 척박해서 나무가 잘 안 돼. 나무 잘 자라는 열대 국가에서 수입하면 되지. 뭣 하러 힘들게 그래?"

한편으로는 맞는 말이다. 1970~1980년대에 우리는 조림을 과학적이고 체계적으로 하지 못했다. 정부가 시켜서 울며 겨자 먹기로 나무를 심었다. 이를 처음부터 다시 시작해서 지금과 같은 숲이 되려면 최소 20년에서 40년이 걸린다.

그런데 숲을 들여다보면 의외로 잘 키울 곳이 많다. 우리 같은 온대 국가의 숲의 생산력은 열대 국가의 2/3 정도다. 같은 온대 국가라도 우리나라의 산림 축적이 $150 m^3/ha$인 반면, 우리와 위도가 비슷한 독일은 $300 m^3$ 정도 된다. 시간의 축적이 다르기 때문이다. 우리 숲은 40년인데 독일은 200년 된 숲을 가지고 있다. 물론 열대 국가에 비하면 토지 생산력이 떨어지지만, 시간이 흐르면 상황이 달라진다.

현재 우리나라 숲은 헥타르당 평균 $150 m^3$ 정도의 산림 축적을 가지고 있지만, 어디까지나 평균값이다. 북향의 숲이 다르고 남향의 숲이 다르다. 계곡의 숲이 다르고 산등성이 숲이 다르다. 소나무 숲과 잣나무 숲이 다르고 침엽수와 활엽수 숲이 다르다.

아까시나무 숲이 다르고 리기다소나무 숲이 다르다. 처음에는 저 넓은 숲을 어떻게 알 수 있을까 겁도 나지만 두려워할 필요 없다. 자주 보면 길도 보이고, 미래에 재목이 될 만한 나무도 발견하게 된다.

1단계. 제일 먼저 봐야 할 것은 산지의 생산 능력이다. 생산 능력을 알아내는 건 쉬운 일이 아니다. 웬만한 전문가도 단번에 알아내기 쉽지 않다. 오랜 관찰과 경험이 있어야 알 수 있는 일이다.

그래도 숲에 있는 소나무나 잣나무가 1년간 성장한 길이를 보면 산지의 생산 능력을 비교적 쉽게 판단할 수 있다. 소나무나 잣나무는 가지가 한 자리에서 빙 둘러 나기 때문에 죽은 가지나 살아 있는 가지의 층층을 계산하면 나무의 나이를 짐작할 수 있다.

소나무와 잣나무는 다른 나무들보다 쉽게 1년간 성장한 길이를 알 수 있다. 더구나 소나무는 우리나라 모든 산에 자란다고 해도 과언이 아니고, 잣나무 역시 우리나라에서 가장 인공 조림을 많이 한 나무이기 때문에 기준으로 삼아도 좋다.

소나무를 기준으로 1년간 자란 길이가 60cm 이상이면 상급 토양으로 볼 수 있다. 30에서 60cm 정도면 중급 토양으로, 30cm

미만이면 척박한 토양이라고 해야 할 것이다. 생산 능력을 이해하는 것이 중요한 이유는 산은 경영해야 할 면적이 넓기 때문이다. 마구잡이로 나무를 심고 가꿀 게 아니라 선택과 집중을 해야 한다. 아무리 품종이 우수한 나무라도 토양이 좋지 않으면 헛수고다.

더구나 산은 논이나 밭처럼 수시로 퇴비나 비료를 투입할 수도 없다. 지력이 낮은 곳은 지력을 회복할 수 있도록 시간을 주어야 하고, 필요하면 질소질을 고정하는 나무를 심어 보완해야 한다. 지력이 높은 곳은 더 적극적이고 공격적으로 경영해야 한다. 크고 곧은 우량한 목재를 얻으려면 솎아베기도 정기적으로 해야 하고 필요에 따라서는 가지치기도 해줘야 한다.

2단계. 숲에 있는 목재와 바이오매스의 양이 얼마나 되는지 알아보자. 나무는 심는 것보다 키우는 것이 더 중요하다. 아무리 지금 숲이 형편없어 보여도 40년간 성장해온 숲은 쉽게 만들 수 있는 것이 아니다. 둘이서 할 수 있다면 좋다.

저렴한 낚싯대를 하나 사서 길이가 4m가 되게 하자. 4m짜리 낚싯대를 한 바퀴 돌리면 반지름이 4m인 면적이 된다. 약 $50\,m^2$다. 1헥타르를 기준으로 하려면 여기에 200배를 곱하면 된다. 그럼 $50\,m^2$ 안에 어떤 나무가 얼마나 있는지 셀 수 있을 것이다.

가슴 높이 직경을 직경 테이프^{한쪽에는 센티미터 단위, 다른 한쪽에는 원형의}

^{나무를 두르면 직경이 계산되는 테이프}로 측정하고 기록한다. 나무의 키도 의

외로 쉽게 잴 수 있다. 모든 나무의 키를 재기는 어려우니 평균

키가 되는 나무만 측정하면 된다.

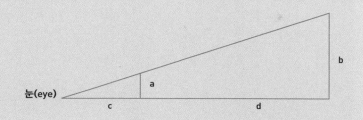

나무의 키를 재는 방법을 소개하겠다. b에 있는 나무의 키를

알고 싶을 때 a에 도와줄 줄 수 있는 사람을 세우고 앞뒤로 이동

시켜 나무의 꼭짓점을 맞춘다. 그런 다음 c와 d의 거리를 재면 b

의 길이, 즉 나무의 키를 알 수 있다. c와 a의 비율은 c+d와 b의

비율과 같다. b의 값을 계산한 다음 거기에 내 눈높이 키만큼을

보태면 나무의 키를 계산할 수 있다. 물론 약간의 오차는 있을

수 있으며, 어디까지나 간이 측정법이다.

만약 면적이 50㎡인 숲에 나무가 몇 그루 있고, 그 나무의 흉

고직경을 알고 있고, 나무들의 평균 키를 알고 있다면, 다음 공

식에 대입해 50㎡ 안에 목재가 얼마나 쌓여 있는지 계산할 수 있

다. 이를 임업에서는 입목축적이라고 한다.

헥타르당 축적은 50㎡ 값에 200배를 곱하면 된다.

3.14×(평균직경의 1/2)2×키×흉고형수×나무그루 수

3단계. 숲에 어떤 나무가 있는지, 어떤 종류가 어떻게 분포해 있는지 이해해야 한다. 보통 계곡에는 활엽수가 잘 자라고, 산 능선에는 침엽수가 잘 자란다. 생장이 느린 활엽수는 단단하게 자라서 하드우드가 되고, 생장이 빠른 침엽수는 상대적으로 무른 소프트우드가 된다.

활엽수와 침엽수는 생장량에서 차이가 있다. 침엽수가 활엽수보다 1.5배 정도 잘 자란다. 온대지방에서 침엽수를 조림 수종으로 많이 사용하는 이유도 이 때문이다. 하지만 생장량이 좋은 침엽수만 심으면 병충해나 태풍, 산불과 같은 재해로 수십 년간 키운 숲이 한 번에 사라질 위험이 있다. 숲의 다양성을 유지하는 것은 생태적으로나 환경적으로만 유익한 것이 아니다. 경제적으로도 병해충과 재해로부터 재산을 지키는 길이다.

우리나라에 가장 많이 분포한 침엽수는 소나무다. 육송 혹은 적송이라고 부른다. 바닷가에 사는 소나무는 해송 혹은 곰솔이라고 부른다. 소나무와 해송은 종이 다르다. 나무껍질이 붉고 윤기가 나고 곧게 자라는 소나무를 금강송이라고 부르는데, 유전

적으로 차이가 있는 것이 아니라 지역의 기후와 토양이 잘 맞으면 고급 품질의 소나무가 자란다.

숲에서 키가 20m 이상 자란 대부분의 소나무는 자연적으로 자란 나무들이다. 20년 전만 하더라도 소나무를 조림하지 않았기 때문이다. 최근에는 소나무 조림이 크게 늘고 있기 때문에 조만간 인공 조림한 소나무 숲도 많이 관찰할 수 있을 것이다.

소나무 다음으로 많이 찾을 수 있는 나무가 잣나무일 것이다. 특히 1970~1980년대에 중부지방에 경제 수종으로 많이 심었다. 잣나무는 학명에 '코리아나'가 붙어 있는 우리 고유의 수종이다. 잣나무는 생장도 좋고 목재 재질도 중급 이상이고 열매까지 수확할 수 있어서 일석이조인 조림 수종이었다. 그러나 너무 척박하거나 건조한 지역에서는 잘 자라지 못한다. 또 스스로 가지를 잘 떨어뜨리지 못해 간벌하지 않은 잣나무 숲에 가보면 죽은 가지가 빽빽하게 들어차 있는 것을 볼 수 있다.

잣나무 다음으로는 낙엽송을 꼽을 수 있다. 일본잎갈나무라고 불리는 이 나무는 일본에서 종자를 들여와 개량한 낙엽송이다. 낙엽송은 물을 좋아해서 계곡부나 물이 모이는 저지대에서 잘 자란다. 우리나라 조림 정책이 실패했다는 말을 많이 하는데, 대표적인 예가 바로 이 낙엽송이다.

임업 용어 중에 적지적수라는 말이 있다. 적합한 장소에 적합한 나무를 심어야 한다는 뜻이다. 군대식으로 성과만 바라보고 조림하던 과거에는 적지적수를 생각할 여유가 없었다. 그런데 지금도 적지적수 개념을 가지고 조림하는 사람을 많이 보지 못했다. 그만큼 적지적수를 판단하는 것이 어려울 뿐만 아니라 아직까지도 우리나라에는 숲을 경영할 사람이 없고 성과와 실적에만 매달리는 실정이다.

이밖에도 남쪽에 가면 편백나무와 삼나무 조림지를 많이 발견할 수 있고, 남해안과 제주도에는 상록활엽수가 주요 수종인 숲을 만날 수 있다. 1970~1980년대와 달리 2000년대부터는 다양한 수종을 많이 심어왔다. 자작나무, 목백합나무 등 여러 가지를 시도했지만, 그리 성공적이지는 않은 것 같다. 반면 참나무류는 가능성도 많고 성공 사례도 많다. 자연에 맡기면 우리 산은 소나무와 참나무가 주종을 이룰 것이다.

그래서 산에 수종을 배치할 때 가장 기본으로 삼는 종은 소나무와 참나무가 좋다. 겨울철에 멀리서 산을 바라보면 능선에는 소나무가 남아 있고 계곡부에는 참나무와 다양한 활엽수가 자라는 모습을 바로 확인할 수 있다. 그러니 무리해서 활엽수를 산 능선에 심지 말아야 한다.

이제 우리는 숲의 생산 능력과 숲이 가지고 있는 목재 자본의 양입목축적을 알고 있다. 또한, 숲 속에 어떤 나무가 얼마나 어떻게 분포해 있는지도 이해하고 있다. 예를 들면, "나의 숲은 면적이 10헥타르이고, 산지의 생산 능력은 중상이고, 숲이 가지고 있는 1헥타르당 평균 입목축적은 140 m^3이고, 주요 수종은 소나무와 굴참나무인데, 계곡 부위에 낙엽송이 자라고 있다"고 이해하는 것이다.

자, 그럼 이제부터는 숲을 계획해보자. 앞으로 어떤 숲으로 끌고 갈 것인지, 그러기 위해서는 무엇을 해야 하는지, 필요한 자원은 어떻게 동원할 것인지, 그리고 궁극적으로 무엇을 위해 이 숲을 경영할 것인지 정리해보자.

2. 숲 계획하기

숲을 계획한다거나 경영한다는 말이 처음에는 어색하게 느껴질 수 있다. 인간이 자연을 경영할 수 있는지 의문을 품는 사람들도 있을 것이다. 어쩌면 숲은 스스로 자라는 것이고, 우리는 다만 우리가 바라는 방향으로 숲을 유도하고 도울 뿐인지 모르겠다.

설사 우리가 인공적으로 조림을 하더라도 나무의 성장은 자연의 몫이다. 우리가 할 수 있는 일은 수종을 선택하거나, 좀 더 빠르게 품질 좋은 목재를 생산하도록 유도하거나, 버섯이나 산나물이 잘 자랄 수 있는 여건을 만드는 정도다. 숲을 경영한다는 것은 인간이 숲의 생활사에 적절히 개입해서 얻고자 하는 것을 얻는 것이다.

숲을 경영하려면 우선 좋은 계획을 세워야 한다.

첫 번째로 숲에 대한 진단을 토대로 수종과 생산 목표를 정해야 한다. 만약 당신의 숲이 40년생일 때 ❶비교적 곧게 자란 나무가 1헥타르당 300그루 이상 있고 ❷키가 25m 정도이고 ❸가슴 높이 평균 직경이 20cm 이상이고 ❹1년에 자라는 키가 평균 40~50cm 정도 된다면 수종을 바꾸지 말고 계속 키워가는 것이 좋다. 평균 이상은 되기 때문이다.

벌채 시기는 30년 후인 70년으로 정해보자. 솎아베기는 올해를 포함해서 2~3회 계속할 필요가 있다. 그러면 70년 후에는 가슴 높이 평균 직경이 40cm인 큰 나무 300그루가 있는 숲이 될 것이다. 그때가 되면 시장 상황에 따라 조금 더 키울 수도 있고 시세가 좋으면 목재를 생산할 수도 있다.

만약 위의 조건 중 두 가지 이상이 충족되지 않으면, 벌채 후에 다른 수종을 심거나 산지 생산력이 많이 떨어지는 경우 적극적인 경영은 포기하는 것이 좋다. 한 산지라도 숲의 상태는 일률적이지 않기 때문에 되도록 평균값을 토대로 결정하는 것이 바람직하다. 숲의 최소 단위를 1헥타르로 잡고 계획하는 것이 일반적이다. 숲의 상태가 너무 다양하다면 그보다 낮은 단위로 쪼개서 계획할 수도 있다. 이를 임업에서는 소반小盤이라고 한다.

수종을 선정할 때 부수종을 보조로 정하는 것도 좋다. 소나무 숲이라고 꼭 소나무만 있는 것은 아니다. 강원도에 가면 산불에 강한 굴참나무들이 소나무 숲 군데군데에 잘 자란 것을 볼 수 있다. 유럽에서는 오히려 이런 참나무류가 훨씬 비싸게 팔린다. 소나무와 함께 자라는 활엽수들은 소나무의 아래 가지가 자라는 것을 억제해줄 뿐만 아니라 산불 예방에도 도움을 준다.

울산 소호에 있는 상수리나무 숲은 상수리나무 가지 발생을 억제하고자 전나무를 심었는데, 10년 정도 키워 조경수로 팔아 산주들에게 꽤 괜찮은 수익을 안겨주었다고 한다. 님도 보고 뽕도 딴 격이다.

Tip. 경영 목표 견본

주요 수종: 소나무(부수종: 굴참나무)
면적: 2헥타르
목표 직경: 40cm
목표 수령: 70년
목표 생산량: 250㎥

3. 숲 가꾸기 A to Z

숲 경영 계획을 세웠다면, 본격적으로 톱을 들고 가꾸어야 한다. 나락은 농부의 발자국 소리를 듣고 자란다는 말이 있듯이, 숲도 산주가 얼마나 열심히 돌보느냐에 따라 달라진다.

국립산림과학원에서 임업을 연구하던 김석권 박사는 숲 가꾸기를 '빛의 예술'이라고 했다. 숲 가꾸기의 핵심 요체는 간벌間伐, 즉 솎아베기다. 아마 40년 된 당신의 숲은 한 번 정도 솎아베기를 했거나 아니면 한 번도 하지 않았을 것이다. 그렇다면 틀림없이 키는 크고 몸통은 가늘고 2~3미터 간격으로 빽빽하게 들어서 있을 것이다.

하늘을 한번 쳐다보자. 나뭇가지가 서로 닿아 있고, 심한 경우 전체 키의 1/5 정도에만 잎이 달려 있다면 건강과 활력도 면에서 심각한 상황이다. 건강한 나무라면 최소한 자기 키의 1/3은 살아 있는 잎을 단 가지가 있어야 한다. 그래야 활발하게 광합성을 하고 몸집을 키울 수 있다. 너무 조밀하면 햇볕이 아래쪽까지 도달하지 않기 때문에 나무들 스스로 죽은 가지를 만든다.

잣나무처럼 스스로 가지를 떨어뜨리지 않는 나무는 죽은 가지만 가득한데 그 모습이 비참하기 이를 데 없다. 너무 조밀하게 서 있는 잣나무 숲 바닥에 햇볕이 도달하는 비율은 4% 정도밖에 되지 않는다. 다른 나무는커녕 자신의 종자마저 키울 수 없는 환

솎아베기가 필요한 침엽수 조림지

경이다.

그럼 얼마의 비율로 솎아줘야 할까? 숲의 상태에 따라 다르기 때문에 무작정 하나 건너 하나씩 솎아베는 것은 옳지 않다. 평균 30% 정도를 솎아주는 것이 좋다. 만약 나무 직경이 충분히 성장하지 않아 2m 간격에 직경 10cm 내외로 서 있다면 1/2 정도까지 솎아줄 필요가 있다. 나무가 키만 크고 직경이 너무 작으면 위험하므로 지나친 솎아베기는 좋지 않다. 이 경우 솎아베기는 허약한 나무 위주로 하거나 일률적인 비율로 하는 것이 좋다.

그러나 위에서 예를 든 것처럼 평균 직경이 20cm가 되고 어느 정도 성장의 우열을 가릴 수 있다면 다른 방식으로 솎아베기를 해야 한다. 이른바 미래목 가꾸기 방식이다.

앞서 우리는 30년 후에 70년생이 되면 300그루의 목재를 생산할 것이라고 목표를 정했다. 그 미래목 300그루를 미리 정하는 것이다. 곧고 아래쪽에 가지가 적은 나무들을 일정한 간격으로 찾아낸다. 1헥타르는 100m, 즉 1만 ㎡이므로 300그루는 15~20m 간격이 된다.

하지만 이는 30년 후의 모습이고 앞으로도 두 번의 솎아베기를 더 할 것이므로 한 번에 다 베어낼 필요는 없다. 300그루만 남기고 나머지를 한 번에 베어내면 오히려 풍해 같은 자연재해를

148

입을 수도 있고, 갑작스런 환경 변화로 나무에 해가 될 수 있다. 그러니 미래목을 정하고 미래목과 경쟁이 되는 나무들만 제거하면 된다.

이때 생산된 간벌목을 반드시 수집해서 연료나 농사용으로 활용하길 바란다. 협업 경영을 하고 있고 목재의 생산과 수집이 기계화되어 있다면, 펄프나 다른 산업 용도로도 판매가 가능하다. 안타깝게도 아직은 가능한 곳이 많지 않을 것이다.

미래목은 솎아베기와 함께 가지치기를 해줘야 한다. 수확할 때 목재의 질을 결정하기 때문이다. 연료나 펄프 재료로 판매하는 나무들은 가지치기가 필요없다. 직경 30~40cm 이상의 중대경재 목재는 같은 수종이라도 옹이가 적고 곧은 정도에 따라 그 가치가 다르다. 고지톱을 이용하여 최대한 높게 가지치기를 하는 게 좋지만, 시장에서 제재목을 6자[36], 12자 단위로 자르므로 이에 맞춰 적절한 높이에서 가지치기를 하는 게 좋겠다.

미래목 선정은 숲 가꾸기 작업에서 가장 중요한 일이라 산주가 직접 하거나 전문 기술자에게 맡기는 것이 좋다. 요즘은 산림기술사 사무소가 지방마다 많이 생겨서 전문가에게 의뢰하는 것이 어렵지 않다.

36 1자는 30.3cm이다.

나무를 심는 조림부터 큰 숲으로 가꾸는 숲 가꾸기는 정부에서 지원하는 사업이다. 산주는 경비의 10%만 부담하면 되며 어떤 사업은 이마저도 필요 없다. 숲은 살아서는 국민의 재산이기 때문이다.

숲 가꾸기 관련 정부 지원은 지자체 산림 관련 부서에 문의하면 된다. 지원을 요청하면 정부에서 산주의 동의를 얻어 산림조합[37]이나 산림 사업 법인에 숲 가꾸기 사업을 의뢰한다. 이때 산주가 두 손 놓고 있어서는 안 된다.

기본적인 지식을 가지고 산주로서 또 국민의 재산을 관리하는 자로서 숲 가꾸기 작업이 잘 되도록 관리해야 한다. 산림 작업이 워낙 힘들고 검증이 쉽지 않은 탓에 사업을 위탁받은 산림조합이나 산림 법인은 작업은 최대한 쉽게, 일의 양은 최소로, 일의 질은 티가 나게 하려고 한다. 울산 사유림 협업 경영의 산증인이자 산주인 우송죽 선생의 말처럼 "서류는 틀리면 고치면 되지만, 숲은 생명이라 한번 잘못하면 돌이킬 수 없다."

이 말을 마음에 새기고 꼭 현장에서 작업이 잘되고 있는지 확

37 산주와 조합원의 권익 향상과 지속 가능한 산림 경영 촉진을 위해 1949년 창립한 중앙산림조합연합회를 모태로 설립되었다. 중앙회와 지역조합으로 구분되며 지역조합은 산림 소유자 및 임업인의 출자로 조직할 수 있다. 전국에 142개의 지역조합이 있다.

인해야 한다. 다른 이에게 일을 맡기기 싫다면 직접 할 수도 있다. 인부를 직접 고용하거나 산주들과 협업해도 된다.

앞에서 언급한 40년생 소나무 숲의 경우 올해 간벌하면 10년 후, 20년 후 한 번 더 간벌할 필요가 있다. 안타깝게도 정부에서는 이런 경우를 수확간벌이라 하여 재정을 지원하지 않는데, 이 시기의 간벌 역시 비용 대비 소득이 크지 않고 숲의 공익적 혜택이 더 크기 때문에 국가의 지원이 필요하다. 산주들의 협력으로 해결해야 할 문제다.

4. 수확하고 다시 조림하기

모든 숲을 다 큰 나무 숲으로 경영할 수는 없다. 과거 연료림으로 조성한 리기다소나무, 리기테다소나무 숲 중에서 잘 관리되지 않는 숲들은 큰 나무로 키워 경제적 가치를 기대하기 어렵다. 한 뿌리에서 여러 개의 맹아가 나와 제멋대로 자라버린 참나무 숲도 큰 나무를 키우기에는 좋지 않다. 벌채해 표고목이나 땔감용으로 판매하는 것이 적절하다.

관리되지 않고 자연적인 선택도 원활하지 않아 너무 밀식되어 있는 잣나무, 낙엽송 조림지도 마찬가지다. 이런 경우 대부분 적합하지 않은 토지에 심었을 가능성이 높다.

내 산에서 숲의 전체 또는 일부를 당장 베어야 한다고 생각하면 슬픔이 몰려올 수 있다. 40년간 자라온 생명인데 왜 안 그렇겠는가. 하지만 너무 아까워 말자. 지금 숲 사회의 나이 분포는 대부분 40대에 몰려 있어서 생태적으로나 경제적으로 매우 위험하다. 한국의 급속한 노령화와 비슷한 문제를 안고 있다.

한 지역이나 국가의 숲은 100년을 주기로 연령대가 골고루 분포하는 게 이상적이다. 내가 오늘 벌채를 한다면 전체 숲 사회에는 긍정적일 수 있다. 매년 1%씩만 벌채하고 조림하면 숲은 항상 99%를 유지하게 된다.

벌채할 때는 몇 가지 사항을 고려해야 한다. 첫째, 포클레인 사용을 최대한 자제하고 가선집재[38] 같은 친환경 방식을 택하라. 포클레인으로 산을 여기저기 돌아다니며 벌채하는 방식을 일명 '산털이'라고 한다. 포클레인이 다닌 자리는 물길이 되어서 여름철 집중 호우가 오면 토사가 흘러내리고, 도로나 주택가에 인접한 경우 큰 산사태를 만들기도 한다. 토사가 흘러내리면 땅의 양분이 다 빠져나가고, 산사태는 복구하기 어려운 치명적인 문제를 불러일으킨다. 숲은 그 지역의 삶터와 일터를 보전하는 역할도 한다.

38 허공에 와이어로프를 설치해 생산된 목재를 집재하는 방식. 산지 경사가 40% 이상이거나 차량이 진입하기 어려운 곳에 적합한 생산방식이다.

나에게
숲이 있다면 1

둘째, 적절하게 식생을 남길 필요가 있다. 오래된 산사람들은 숲을 벌채할 때 금기사항으로 생각하는 것이 계곡부의 숲이다. 여성의 은밀한 부위라고 표현하며 보호하지만, 과학적으로 매우 의미 있는 행위다. 수종도 다양하고 야생 동물의 은신처가 되는 등 가장 생태적인 공간인 데다 비가 오면 모든 빗물이 계곡으로 모이기 때문에 계곡의 식생을 잘 보호하는 것은 산 전체에 이로운 일이다.

요즘은 차를 타고 국도를 지나가면 주변에 나무 몇 그루가 하늘거리며 서 있는 풍경을 자주 볼 수 있다. 경관을 지킨다는 이유로 벌채를 하더라도 1헥타르당 50그루를 남기게 하는 지침 때문이다. 당연히 벌채업자는 가장 돈이 안 되는 나쁜 나무 몇 그루만 남기게 마련이다.

수많은 나무와 어울려 있다 벌판에 홀로 남아 뜨거운 태양과 모진 바람을 오롯이 이겨내려니 모양새가 영 사납다. 관료들의 탁상행정이 만든 결과인 것 같아 씁쓸하다. 차라리 벌채 전에 숲을 잘 살펴보고 어울려 잘 자란 지역이 있으면 여러 그루를 한꺼번에 남기는 것이 좋다.

큰 키 나무나 중간 키 나무, 작은 키 나무를 한 무더기로 남기는 게 좋다. 벌채가 끝나면 잔여물을 쌓아놓는데, 보통 산 정상에서 아래로 길게 늘어뜨려 놓는다. 되도록 이면 작업을 위한 길과 잔여물 정리도 등고선 방향으로 만들어야 산을 최대한 보호할 수 있다. 땅이 있다고 나무가 모두 잘 자라는 것은 아니다. 토양에는 양분이 담겨 있어서 항상 등고선 방향으로 산지를 보호해야 한다.

전국의 숲 가꾸기 사업을 모니터링하러 다닐 때 제주도에 간 적이 있다. 그때 제주대학교 생물학과 김문홍 교수에게 들은 이야기다. 20~30여 년 전에는 한라산에서 소나 말을 방목하던 풍경을 쉽게 볼 수 있었으나 최근에는 찾아보기 어려워졌다. 이유인즉 한라산의 고산식물을 보호하기 위해 소나 말의 방목을 금지한 것이다.

그러나 그 결과로 오히려 고산식물이 사라지고 철쭉 동산으로 변하고 있다. 사실 한라산은 최고 높이가 2,000m가 되지 않아 고산 생태계가 나타나기 어렵다. 이전에 방목하던 소나 말이 풀을 뜯을 때는 한라산을 등고선 방향으로 움직이면서 적절하게 산지를 훼손해 고산식물이 살기 적합한 환경을 만든 것이다. 팥고물을 층층이 쌓은 시루떡을 떠올리면 산지 관리를 어떻게 해야 할지 가늠이 될 것 같다. 새로운 수종으로 바꾸기 위한 벌채 관리는 내 산의 생산력과 이웃의 안전을 위해 매우 중요한 일이다.

소나무 천연갱신 사례

벌채 후 새로 조림할 수종은 어떤 것이 좋을까? 1970~1980
년대에는 경제 수종으로 잣나무, 낙엽송 등 매우 제한된 종류를
전국적으로 심었다. 한때는 자작나무와 목백합이 좋다고 많이
심기도 했지만 대부분 성공적이지 못했다. 적합한 지역에 적합
한 수종을 선택하는 적지적수는 말처럼 쉬운 일이 아니다.

새로운 수종을 선택할 때 제일 먼저 할 일은 숲에게 묻는 것이
다. 숲 경영은 늘 도전과 선택의 연속이다. 벌채한 산에 올라보
면 알 수 없는 수많은 나무가 새싹을 틔우고 묘목으로 자라고 있
다. 자연 상태에서 올라오는 나무들은 이미 그 지역에 상당한 적
응력을 보인다고 봐야 한다. 이 중에서 다수를 차지하는 나무를
선택하는 것이 가장 현명하다. 여유가 있다면 몇 년 지켜보면서
새로운 수종을 선택할 수도 있다.

벌채하기 전에 숲을 살펴보면서 다음 후계 수종을 정하는 것
도 방법이다. 굳이 새로운 수종을 조림하지 않고 자연 스스로 다
음 후계자를 선정하게 한다면 비용도, 시간도 절약할 수 있을 것
이다. 가장 대표적인 사례가 소나무 산불 지역을 다시 소나무 숲
으로 갱신하는 것이다. 앞에서 얘기한 울산 소호의 참나무 숲도
좋은 사례다.

우리나라에서는 이 두 가지가 자연력에 의한 갱신의 대표적
사례다. 비용을 투자할 수 있다면 이 두 가지 사례에서도 소나무

나 참나무 묘목을 심어 갱신할 수 있다. 물론 조림 사업도 정부 보조를 받을 수 있다. 요즘은 포트묘가 대중화되어서 비용과 시간을 절약할 수 있다. 포트묘는 일반 밭에서 기르는 노지묘와 달리 1회용 플라스틱 화분에 묘목을 키워 심는 방식이다. 노지묘는 뿌리를 뽑아 심기 때문에 심은 해에는 묘목들이 매우 힘들게 적응하지만, 포트묘는 1~2년간 살던 흙과 함께 뿌리째 나무를 심는 이점이 있다.

수종을 정할 때는 산의 입지 환경과도 잘 맞아야 하지만 시장 조건도 봐야 한다. 소나무와 참나무류, 그리고 낙엽송과 잣나무는 중부지방에서 적응력, 생장력, 시장가치가 모두 확인된 수종이다. 이들을 입지에 맞게 잘 배치하고 산벚나무, 물푸레나무, 층층나무 등 유용한 활용수들을 혼합하는 것도 차선책이 될 수 있다.

어떤 농부는 "논농사는 평생 지어도 60번 지을까 말까"라고 했다. 하우스나 밭농사야 투기처럼 해볼 수도 있으나, 논농사는 그럴 수 없다. 그래서 농부들이 늘 보수적인지 모르겠다. 그런데 농업과 비교하면 산림 경영은 평생 한 번 수확할까 말까 하는 일이다. 장성의 고故 임종국 선생은 평생 노력해서 편백나무 숲을 조성했지만 그 열매는 후손들이 따고 있다. 그래서 나무 심는 일은 투기로 할 수가 없다.

남쪽이라면 편백나무와 늘 푸른 온대활엽수종을 심는 것도 좋다. 20여 년 전부터 후박나무, 황칠나무 등이 묘목으로 대량 생산되어 조림하고 있다. 단기에 고부가가치를 생산할 수 있는 수종은 많지 않을뿐더러 대면적으로 경영하기 쉽지 않다. 그 지역에 중심이 되는 몇 가지 수종을 크게 배치하고, 소규모로 고부가가치 수종을 심고 가꾸어야 한다. 그래서 산주는 지역 산림 계획을 잘 이해하고 있어야 한다. 지역 산림 계획은 산림청이나 광역지자체 혹은 기초자치단체 산림 관련 부서에서 열람할 수 있다.

5. 다양한 산림 부산물 생산과 혼농임업

목재 외에도 숲에서 다양한 1, 2차 산물을 얻을 수 있다. 3헥타르 미만 소규모로 산을 가지고 있다면 오히려 이 이야기에 관심을 기울일 필요가 있다.

숲에서는 목재 이외에 버섯, 약재, 산채 등을 재배하거나 채집할 수 있다. 토종닭이나 염소를 키울 수도 있다. 국제식량기구FAO에서는 이를 혼농임업agroforestry이라고 부르며 개발도상국가에 장려하고 있다. 예를 들면, 아라비카 커피 종류는 30% 정도의 그늘이 필요하다. 그래서 티크와 같은 수종을 재배하면서 커피도 동시에 재배한다. 임업과 농업이 결합한 사례다. 농업뿐 아

나에게
숲이 있다면 1

니라 축산과 민물 어업도 함께할 수 있다. 산과 인접해 밭이 있다면 더욱 활용하기 좋을 것이다. 밤, 호두, 매실 등도 단기 소득 작물로 활용 가능하다.

혼농임업은 새로운 방식이 아니다. 전통적으로 숲의 공간과 시간을 집약적으로 이용하던 방식을 현대적으로 재해석한 것이다. 우리나라에서도 숲에서 표고버섯을 재배하는 광경을 전국 어디서나 볼 수 있다. 고로쇠나 자작나무 수액을 채취하는 산업도 많은 곳에서 이루어지고 있다. 지역별로 유실수가 특화된 곳도 있다. 공주와 부여의 밤, 가평의 잣이 대표적이다. 양평의 한 산림 경영자는 숲을 벌채하고 다시 조림하는 과정에서 더덕을 재배하는 방식으로 신지식인에 선정되기도 했다.

최근에는 산양삼 재배가 활발해지고 있다. 숲에서 소득 작물을 재배하는 것도 유행을 타는 것 같다. 그래서인지 소득 작물로 돈을 버는 것은 농업이나 임업이나 비슷해서 열 명 중 한 명이 성공할까 말까다. 대규모로 투자했다가 낭패를 보는 사례가 많으니 작은 면적에 집중적으로 도전해보는 것이 좋을 것 같다.

국립산림과학원 산림약용자원연구소 김만조 박사는 숲에서 나무를 키우면서 약재나 산채를 함께 재배하는 실험을 오래전부터 진행해왔다. 경북 영주시 풍기읍에 가면 연구소를 방문할 수 있다.

6. 6차 산업에 도전해보기

임업은 6차 산업이라고 한다. 1차는 목재와 산림 부산물을 생산하는 것이고, 2차는 이를 가공하는 산업이고, 3차는 휴양·레저와 같은 서비스를 제공하는 산업이다.

이 세 가지 산업을 복합적으로 일으키는 것이 6차 산업으로써의 임업이 될 것이다. 숲에 목공예를 할 수 있는 공방을 만들어보자. 우선 목공에 필요한 목재를 숲에서 생산한다. 소나무나 잣나무처럼 가공하기 쉬운 침엽수류도 있고, 드물지만 산벚나무, 단풍나무, 느티나무처럼 단단하지만 무늬가 고운 활엽수도 있다. 나무줄기만 있는 것이 아니다. 가지나 뿌리도 좋은 목공예 재료다. 이런 나무들을 잘 건조해서 보관했다가 숲을 체험하러 온 가족들과 함께 거실에 놓을 탁자를 만들어보자.

한국의 많은 중장년 아버지들의 로망 중 하나는 목공을 배워서 뭔가 만들어보는 것이다. 나무는 다루기가 쉬워 다른 재료보다 접근이 쉽다. 어머니들은 집안에 괜찮은 원목가구를 들이는 게 소원이다. 목공은 아이들과 함께 즐기는 놀이 활동도 될 수 있다. 다 만든 탁자는 마지막 칠까지 끝내고 건조하여 일주일 뒤에 집으로 배달된다. 숲에 들어가 그 숲에서 나는 산물로 체험하는 여러 활동을 6차 산업으로 발전시킬 수 있다.

숲은 '일자리'인 동시에 은퇴자들에게 끊임없이 무엇인가를 탐구하고 시도해볼 수 있는 재미난 일거리를 준다. 그래서 숲은 '살자리'이기도 하다. 일흔이 넘으면 노동을 해서 수입을 얻기가 쉽지 않다. 그런 의미에서 숲은 적은 비용으로 재미있게 더불어 살 수 있는 살자리다.

또한, 숲은 '놀자리'다. 사물인터넷과 인공지능 시대에 살고 있지만, 숲에는 아날로그적인 놀거리가 수없이 많다. 일자리, 살 자리, 놀자리가 잘 결합하면 6차 산업으로 연결되지 않을까 생 각해본다.

잊지 말아야 할 것은 6차 산업은 1차 산업기반 위에서 가능하 다는 것이다. 1이 1다워야 6도 의미가 있지 않겠는가? 1의 가치 가 0에 가깝다면 6도 0에 가까워질 것이다.

7. 작은집 짓기

숲에서 숲과 더불어 살아가는 데 있어서 가장 중요한 것은 어 쩌면 삶의 방식을 바꾸는 일인지도 모른다. 큰 아파트에 살면서 더 큰 차를 사고 좋은 레스토랑에서 외식을 하는 것이 좋은 삶 일까? 작고 소박하지만 자연과 더불어 살아가는 것이야말로 기 후 변화와 에너지 위기의 시대를 살아가는 진정한 삶의 철학이 아닐까 싶다. 집을 짓는 도면이나 재료보다 더 중요한 것은 어떤 집을 짓고 어떻게 살지 결정하는 것이다.

울산에서 중공업에 종사하며 기술을 배워 산촌 생활을 준비하고 있는 진일주 씨의 이야기가 매우 흥미롭다.

"나의 살던 고향은 꽃피는 산골~ 복숭아꽃 살구꽃~ 아기 진달래."

나는 앞뒤 산에 활짝 핀 진달래꽃을 따먹으며 어린 시절을 보낸 세대입니다. 온 산에 진달래꽃이 그림 같이 피어 있는 산은 큰 나무가 없는 민둥산이었습니다. 진달래는 햇빛을 잘 받아야 아름답게 피는 법이지요. 오래된 이야기가 아닙니다. 불과 40~50년 전만 해도 우리나라 산 대부분이 민둥산이었습니다.

1960년대 농촌에서는 대부분 6평 남짓한 초가집 방 한 칸에 대여섯 명이 함께 잤습니다. 1982년에는 우리나라 전체 가구의 평균 집 크기가 두 배로 늘어나 12평이 되었습니다. 2014년에는 22평으로 또다시 늘어났지만, 집에 사는 사람 수는 계속 줄어들고 있습니다.

집뿐만 아닙니다. TV, 냉장고, 자동차 등 물건은 갈수록 커지고 개수도 늘어납니다. 인간의 기본 욕구 중에 자기도 모르게 축적하는 욕구가 있는 모양입니다. 집 안에 있는 물건을 운동장에 펼쳐놓으면 얼마나 많을까요?

버릴 것은 또 얼마쯤 많을까요? 음식에 대한 욕구도 크게 다르지 않습니다. 냉장고에 있는 음식물을 모두 꺼내서 거실에 펼쳐놓으면 유통기한 지난 재료들, 언제 왜 샀는지도 모르는 음식물이 가득할 겁니다. 한쪽에서는 굶어죽고 한쪽에서는 쓰레기 처리 문제로 골머리를 앓는 상황에서 인간의 본성과 얄팍한 상술에 현혹되어 나도 모르게 물질적 본성에서 벗어나지 못하고 채우고 채워도 끝이 없는 길을 가고 있는 것은 아닌지 돌아봐야 합니다.

꿈과 환상만으로 귀촌하는 것은 제 무덤 파기다

젊은 시절 돈을 벌기 위해 도시로 떠나 공장 노동자로, 자영업자로, 전문직 종사자로 살던 사람들이 이제는 자식들 다 출가시키고 직장에서 은퇴할 때가 되었다. 은퇴하고 나니 마땅히 할 일도 없다. 어린 시절에 살던 농촌에 대한 향수가 남아 시골로 와서 땅 조금 사서 전원주택 짓고, 텃밭 조금 일구고, 나무와 꽃을 사다 정원을 만들고 나면 또 할 일이 없다.

더 큰 문제는 몇 억 들여 전원주택을 짓고 나면 동네 사람과 어울릴 수가 없다는 것이다. 물 맑고 공기 좋은 데서 조용히 살겠다고 귀촌했지만, 결국 혼자 죽을 때까지 전원주택에서 명상하려고 귀촌 또는 산촌을 선택한 셈이다.

그동안 번 돈 몇 억을 집 짓는 데 쏟아 붓고 나면 살기 빠듯한데, 평균 연령 증가로 예순에 은퇴하고도 30년 이상을 더 살아야 한다. 나이가 일흔이 넘어가면 수입은 연금뿐인데 의료비는 폭발적으로 증가해 대책이 없어진다.

3년 전 영국에 한파가 몰아쳐 얼어 죽은 노인들이 많다는 보도를 보았다. 10년 전 국가에서 가스회사를 민영화했는데, 매년 10%씩 가스비가 올랐기 때문이다. 연금은 매년 2~3%밖에 오르지 않는데, 그렇다고 먹는 것을 줄일 수는 없으니 난방비 아끼려다 얼어 죽은 것이다. 노후에 연금에만 의존해서 사는 삶이 작은 충격에도 얼마나 취약한지 단적으로 보여주는 사례다.

30평짜리 전원주택은 처음엔 좋지만 시간이 가면 청소도 관리도 힘들어진다. 앞날은 뻔히 보이지만 여전히 물질적 욕망에서 벗어나지 못하고 꿈과 로망만 가지고 실패한 선배들의 길을 불나방처럼 쫓아가고 있다. 100세 시대를 예측하고 준비하지 못하면 오래 사는 것이 축복이 아니라 재앙으로 다가온다. 재앙이 닥쳐오는 것은 시간문제다.

집은 작게, 생활은 소박하게

숲에서 약간의 소득과 적당한 일거리를 얻는 것은 소득 문제를 떠나 건강한 삶으로 나아가는 길이다. 건강을 유지하면 의료비 지출이 줄어든다. 여러 가지 이유로 더할 것이 없다면 빼기라도 해야 한다. 신용카드, 집, 냉장고, 세탁기, 자동차 등 물건의 크기를 줄이는 것이다. 크기를 줄이면 지출이 줄어든다. 은퇴 후 더하기와 빼기를 동시에 하면 곱셈의 삶을 살 수 있다.

수저, 그릇 숫자가 가족 수보다 2~3배 많다. 1년에 손님이 몇 번이나 올까? 1년 365일 중 딱 5일 편하자고 360일은 불편을 감수하고 사는 건 아닌지 생각해볼 때다. 집이 작으면 자식들이 찾아올 때 어떡하냐고 걱정할 수 있지만 1년에 자식들이 몇 번이나 올까? 1년에 네다섯 번 올 경우, 여름에는 마당에 텐트를 치면 되고 겨울에는 "우리는 모텔에서 자고 올 테니 청소하고 밥 해놓아라"하면 되지 않을까?

물론 집이 너무 작아도 효율이 떨어진다. 둘이 산다면 나는 8~10평에 2층짜리 다락방을 지을 생각이다. 집 주위에 간벌목으로 이동용 제재기를 빌려 귀틀집을 직접 만들까 한다. 집을 지을 때는 환경문제를 생각하기 이전에 자신의 생존을 위한 문제로 접근해야 한다.

나무 잡아먹는 귀신인 화목 보일러는 허리가 남아나지 않고, 기름 보일러는 기름 값에 허리가 휜다. 패시브 하우스나 제로 하우스는 초기 비용이 엄청나서 보통 사람들은 접근하기 어렵다.

에너지는 적게 들고 효율을 높은 이중코일 방식[39]을 사용하는 것이 좋다. 깊은 산골 오두막집에서 난방비와 유지·관리비를 최대한 줄이는 방식이다. 지속 가능한 삶, 그리고 더불어 사는 삶을 위해 물질적 욕구에서 벗어나 집부터 줄이면 몸과 마음이 가벼워지는 삶을 살 수 있다.

작은 집을 짓고 삶과 생활의 규모를 줄이는 것은 어쩌면 우리네 삶의 방식을 밑바닥부터 바꾸자는 이야기인지도 모른다. 작은 집은 손님들의 휴양과 휴식 공간으로도 좋다. 1인 가구 시대에 소유물을 줄이는 생활방식이 유행하는 것처럼, 숲에서도 최소한의 필수품만 가지고 최대의 행복을 찾는 생활방식을 만들어보자.

8. 협업체 만들기

3헥타르면 거의 1만 평이다. 매우 넓은 것 같지만 산림 경영의 측면에서는 아주 작은 면적이다. 농사로 치면 농가에서 자급할 수 있는 300평 정도의 텃밭이라고 보면 된다. 300평 농사를 짓

---

39 1차 코일은 태양열로 바닥을 축열하고 2차 코일은 집 안에 작은 난로 겸 보일러로 순환

는다면 트랙터보다는 경운기가 편할 것이고, 길이 없는 맹지는 아예 기계를 쓰지 못하니 인력으로 모든 일을 해야 할 수도 있다. 숲을 경영하려면 기본적으로 길이 있어야 하고, 부가가치가 높은 목재를 생산하려면 기계화가 필수다. 그렇지 않으면 '산털이'라는 매우 반생태적이고 일시적인 방법으로 저급한 목재를 수확할 수밖에 없다.

목재는 생산하지 않고 혼자 숲에서 버섯과 산나물 등을 재배해 자급자족할 목적이라면 협업이 필요 없을 수도 있지만, 목재를 제대로 생산하려면 숲을 관리해야 하고 작업을 위한 길이 필요하다. 그런데 숲길을 만들고 숲을 가꾸는 일은 매우 규모 있는 일이어서 혼자서는 거의 불가능하다. 정부도 국유림을 일정 규모로 묶어서 국유림 관리소로 운영하고 있다. 따라서 숲을 경영하는 데 협업은 필수다.

협업체를 만드는 방식 중 가장 손쉬운 것은 산림조합에 가입하는 것이다. 우리나라의 대부분 시군에는 산림조합이 있다. 조합장도 선거로 뽑게 되어 있어서 원칙적으로 자율적인 협업 운영이 가능하다.

물론 아직까지 이상적인 수준으로 협업 산림 경영을 하는 곳은 없는 것 같다. 우선 산주의 규모도 적고, 숲에서 얻는 경제적

이익도 크지 않고, 산림조합도 대부분 정부 지원 사업에 의존하기 때문에 협업 산림 경영이 활발하지 못하다.

하지만 앞으로 숲에 대한 관심이 많아지면 많아질수록 협업 산림 경영이 구체화될 것이다. 산림조합원이 되는 방법은 의외로 단순하다. 산림을 소유하고 있거나 임업에 종사하면 된다. 자세한 사항은 산림조합 홈페이지를 참조하면 된다.

그러나 산림조합은 지역마다 상황이 다르다. 산림조합이 매우 활발하고 민주적이어서 많은 도움을 받을 수 있는 지역도 있지만, 산림조합 역할이 미미한 지역도 많다.

직접 협업체를 만드는 것이 대안이 될 수 있다. 산림청에서는 협업 산림 경영이 가능하도록 여러 가지 지원 정책을 만들어왔다. 가장 오래된 협업 경영체는 1976년도 울주군 내와, 소호리 등지에 만든 협업 경영체다. 비록 산주들이 늙고 힘이 없어지긴 했지만, 아직도 협업 경영체의 틀은 유지되고 있다.

1990년대에는 전국의 200개가 넘는 지역에서 협업 경영체가 운영되었는데 안타깝게도 대부분 사라졌다. 그래도 그런 조직을 만들어본 경험이 있는 지역은 그렇지 못한 지역보다 다시 도전하기가 쉽다. 협업 경영체에 대한 정부 지원 사업은 시대에 따라 변화해왔는데, 가장 최근에는 '선도산림 경영단지'라 해서 1,000헥타르 이상의 숲을 단지화하면 많은 지원을 받을 수 있다.

시간과 공간의 제약 때문에 직접 산림 경영에 참여할 수 없다면 대리 또는 위탁 경영을 할 수 있다. 산주가 소유한 산지 규모는 작은데 산림 경영은 대단지가 효율적이니 지역 산림조합이나 산림 법인에 대리 위탁 경영을 맡기는 것도 좋은 방법 중 하나다.

그가 간 길은 아무도 가지 않은 길이었기에

외롭고 힘들었지만,

오로지 한 사람만이 헤쳐나갈 수 있었던

모험의 길이기도 했다.

숲의
뒤안길
2부

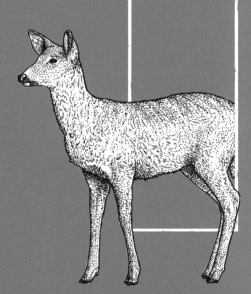

7장

임학을 만난
산골 소년

내 고향은 전남 강진 산골 마을이다. 일제 강점기때 결혼한 부모님이 돈을 벌기 위해 일본으로 건너간 해에 오사카에서 태어났다. 태평양 전쟁이 발발하자 부모님은 어린 나를 업고 오사카에서 장흥으로 가는 귀국선에 올라, 장흥에서 강진까지 우는 아이를 업고 먼 길을 걸어 할아버지 집으로 돌아왔다.

내가 여섯 살이 되던 해에 해방이 되었고 소년기에 한국전쟁 전후로 어려운 시절을 겪으며 성장했다. 한국전쟁이 일어났을 때 마을 아이들은 환호했다. 이승만 정부가 늘 북침 통일을 주장하던 때라 당연히 우리 군이 북한 동포를 해방시키려 한 줄 알았다. 그러던 어느 날 인민군이 강진까지 들어와서 학교에서 제식훈련을 받는 것을 보고서야 진상을 알게 되었다. 어린 시절을 전쟁으로 보내고, 강진에서 중학교를 마치고 광주고등학교에 진학했다. 강진중학교를 졸업한 300여 명 중에 두세 명만 광주로 진학하던 때였다.

광주고를 졸업하고 1959년 서울대학교 임학과에 입학했다. 당시만 해도 우리 국토 어디를 가나 붉은 황폐지를 볼 수 있었고, 마을 근방 대부분은 나무를 찾아보기 힘든 민둥산이었다. '아무것도 줄 게 없는 숲'이었다. 그런 숲을 공부하는 학과에 입학했던 것이다.

나에게 임학과가 특별한 의미가 있었던 것은 아니다. 그냥 과학을 좋아했고 성적에 맞춰서 학과를 선택했다. 학창 시절에도 그저 주어진 공부를 열심히 했을 뿐 숲에 대한 사명감과 독특한 철학이 있지는 않았다. 당시에는 '헐벗은 산에 푸른 옷을 입히자'라는 뻔한 구호만 있었고, 산림녹화에 대한 기술적인 내용 말고는 대학에서 배울 게 별로 없었다. 그런 환경이 오히려 문제 제기와 함께 호기심을 일으켰고, '왜'라는 궁금증을 해결하려고 스스로 임학에 빠져들었다.

대학에서 4년을 보내고 ROTC 1기 장교로 군 복무를 했다. 1960년대에 우리 군은 고급 장교가 크게 부족했다. 그래서 대학 졸업생에게 ROTC 장교가 될 기회를 주는 제도를 만들었는데 첫 기수로 합류하게 되었다. 훈련을 받고 처음 배치된 곳은 탱크

부대였다. 당시의 군대 문화는 지금과 비할 바가 아니었다. 매일이 군기 잡기의 연속이었다. 나는 태생적으로 기합을 주고 사람들을 억압하는 게 너무 싫었다. 주번사관으로 당직 근무를 설 때는 교육 기회를 받지 못한 일반 사병들을 모아놓고 노래를 가르쳐주곤 했다. 〈희망의 노래〉, 〈선구자〉 같은 노래를 가르치고 합창 연습도 했다. 공부 욕심이 많아 전차 안에서 독일어와 영어 원서를 읽다가 여러 번 중대장에게 들켜 혼나기도 했다. 군대라는 환경이 달갑지 않았지만 그럭저럭 시간을 보내고 있었다.

1년 정도 지나자 군 당국에서 갑자기 연병장에 호박과 무와 배추를 심으라는 지시가 내려왔다. 워낙 어렵고 힘든 시기다 보니 군인들의 영양 상태가 좋지 못했다. 연병장까지 갈아엎어 자급자족하라는 지시였다. 나도 농과대학 출신이라 엉겁결에 영농장교로 임명되었다. 비록 농대 임학과를 나오기는 했지만, 농사법은 잘 몰라 감자 재배에 관한 책을 사서 보았다.

연병장은 전차가 수시로 지나다니니 토양이 매우 단단하게 다져지고 돌도 많아 농사 짓기에 적합하지 않았다. 그래도 배운게 도둑질이라고 산림 토양을 공부한 경험으로 산에서 부엽토를 트럭에 싣고 와서, 연병장에 골을 파고 부엽토를 두둑하게 채운 뒤 감자를 재배했다. 결과는 매우 성공적이었다. 다른 부대는 그냥 연병장을 갈아엎어 농사를 짓다 보니, 상대적으로 우리 부대의 농사가 제일 잘될 수밖에 없었다. 군단장도 우리 부대를 칭찬하고 다른 부대에도 전파하도록 지시했다. 그런데 얼마 지나지 않아 이 일은 흐지부지되었다. 군인들이 연병장을 뒤집어 농사를 짓는다는 게 적절하지 않다고 판단했기 때문이다. 어찌되었든 산림토양학을 공부한 것이 군대에서도 복이 되었다.

한번은 이런 일이 있었다. 탱크부대는 매년 전차별로 포사격 대회를 개최하는데 캐리바 50과 대포를 발사해 목표물을 얼마나 정확하게 맞추냐에 따라 순위가 매겨진다. 대학 임학과에서는 측량학이 필수과목이다. 다른 탱크들이 눈대중으로 포를 발사하는 동안 우리 탱크는 내가 측량학에서 배운 원리를 바탕으로 했는데 조준하는 대로 백발백중이었다. 나중에 작전계획부대로 옮겼는데 이때도 조림학에서 산림 지형을 공부한 경험이 큰 도움이 되어 쉽게 도상 배치를 할 수 있었다. 대학에서 한 공부가 군에서 여러모로 쓸모가 있었으니 큰 행운이었다. 임학은 모든 분야의 학문을 아우르는 최고의 응용과학이라는 것을 깨달았다.

산림생태학에 눈뜨다

우리나라에 임학이 시작된 것은 1902년이다. 그러나 임학이 본격적으로 발전하고 사회적으로 쓸모가 있었던 시기는 1970년대 산림녹화를 시작하면서다.

우리나라에 수입된 근대 학문은 외국 학문을 베끼듯이 국내에 바로 적용한 경우가 다반사였다. 임학도 예외가 아니었다. 미국에서 공부한 사람, 독일에서 공부한 사람, 일본에서 공부한 사람들이 각각 그 나라의 숲을 기반으로 발전한 임학을 들여와서 우리 산과 숲에 적용했다.

임학은 생태학, 공학, 경제학까지 포괄하는 응용과학이자, 각 국가의 고유한 산림 생태계와 사회경제적 환경까지 알아야 하는 종합예술이다. 따라서 그들의 학문을 그대로 우리나라에 적용하기란 불가능하다. 1960년대에 우리 토양에 맞는 임학을 한다는 것은 모든 것을 백지에서 새로 시작하는 것과 마찬가지였다. 그 시절 우리나라의 산지 생산력을 공부하고 분석하는 일은 흔히 하는 말로 '맨 땅에 헤딩하는 것'과 다르지 않았다.

나는 황폐한 산림을 되살리겠다는 순진한 생각에 사방공학 공부를 시작했다. 사방공학은 1960~1970년대 당시 산림녹화에서 매우 중요한 분야였다. 최근에도 우면산 산사태가 발생하면서 사방공학이 큰 관심을 받고 있다. 산사태를 사전에 예방하거나 산사태가 일어난 곳을 복원하는 일 모두가 사방공학 분야다. 1960~1970년대에는 산지에 나무가 사라져 황폐하다 보니 산사태가 일어나는 곳이 많았고, 숲을 복원하기 위해서라도 토사 유실을 방지하기 위한 공사가 필요했다. 포항의 영일만 사방녹화는 국제식량농기구를 통해서 세계적으로도 유명한 사례가 되었다. 그러나 당시 사방공학 연구실에서 배운 것은 단순한 기술에 불과했다. 과학적 이론은 알 길이 없어 기본이 되는 토양물리학, 토질역학을 독학할 수밖에 없었다. 물의 성질을 알아보기 위해 수문학, 수리학 책을 읽어보았지만 학문적으로 별 흥미를 느낄 수 없었다.

산림 토양의 침식과 척박화, 산림 토양의 생성과 복원 등은 단순한 공학적 과제라고 볼 수도 있지만, 오히려 토양 보전과 식생 복원 등 생태학 연구에 가까워 석사논문을 '황폐 산지의 식생천이'라는 주제로 작성했다. 사방공학에서 시작했지만 어쩌다 보니 산림생태학에 가까운 공부를 한 셈이다. 만약 사방공학만 공부했다면 엔지니어는 될 수 있었겠지만 산림 경영에 입문하지는 못했을 것이다. 비록 전문 분야는 바뀌었지만 사방공학을 공부하면서 얻은 기초 지식은 훗날 임도를 시설하고 기술을 보급하는데 큰 도움이 되었다. 특히 산림의 기능 중 수원 함양 기능과 토양 보전 기능을 이해하는 데도 결정적인 도움이 되었다.

사방공학에 대한 지식과 관심이 훗날 북쪽의 황폐지 복구와 벌채 과정에서 발생하는 산림 토양 침식 예방을 생각하는 계기가 되었다. 숲의 기반은 산지이고, 산림 토양의 물리적 성질을 공부하는 것은 산림 수문 관리와 토양 보전, 산사태와 같은 재해 예방에 중요하다는 사실을 알 수 있었다.

산림청이 설립된 1967년에는 정인구 박사의 배려로 임업시험장 산림토양과에 입사하면서 박사과정도 시작하게 되었다. 산림 토양 공부도 이때 시작했다. 산성 토양과 나무의 성장 관계를 연구하면서 기초가 되는 지질학, 지형학, 토양학, 기후학 등 다양한 과목을 독학하기란 쉬운 일이 아니었다.

직장을 얻고 박사과정을 밟던 중 1970년에 결혼해서 지금까지 검은머리 파뿌리 되도록 함께 살고 있다. 신혼집은 경희대 앞 단칸 셋방에서 시작했다. 당시에는 누구나 그랬지만, 참으로 어려운 시절을 보냈다. 다행히 1973년에 홍릉천 옆에 세워진 9평짜리 시민 아파트를 구입하면서 형편이 조금 나아졌다. 아이들을 재우고 한밤중에 일어나 논문을 쓰곤 했던 기억이 아련하다.

산지 생산력을 공부하다

토지가 자본의 3요소이듯 산지는 목재라는 재화를 생산하는 기반이 되는 곳이다. 따라서 산지를 이용하기 위해서는 산지의 생산력을 이해하는 것이 매우 중요하다. 산지 생산력에 따라 경제림과 비경제림으로 구분할 수 있고 산림의 생산 능력을 판단할 수 있기 때문이다. 산지 생산력이 높은 곳은 집약 경영과 고급 수종의 생산이 가능하고, 생산력이 낮은 곳은 조방적 경영이나 자연방임 경영이 적절하다.

산지 생산력은 기후와 토양에 의해 결정되고 토양의 생산력은 지질과 지형, 식생 조건에 의해 결정된다. 입지 환경 인자를 조사해 종합 평가하면 조림 수종의 생장량을 예측할 수도 있다. 산지 생산력을 연구하면서 이를 박사학위 연구논문으로 준비했다.

산지 생산력을 판단하는 비교적 간편한 방법이 있다. 특히 조림목이 있을 때는 조림목 중에 우세한 나무의 수고 성장을 측정해 산지 생산력을 유추할 수 있다. 이를 지위지수地位指數라 하는데 일정 시기 동안 우세목의 수고 성장량을 기준으로 하며 지위지수 곡선표를 만들어 지위등급을 구분할 수 있다. 지위등급은 산지 생산력을 나타내는 지표에 해당한다.

산지 생산력은 해당 수종이 있을 때는 지위지수 또는 지위등급으로 평가할 수 있으나, 해당 수종이 없을 때는 입지 인자들로 추정할 수 있다. 토양 단면을 조사한 토양형으로 추정이 가능하며 지표 식생으로도 가능하다. 산지 생산력 평가를 계량화하여 평가해보면 좋겠다는 생각에 '전국의 잣나무 산지 생산력 평가 방법'을 주제로 박사학위 논문을 제출했다. 이때의 연구와 공부를 통해 산지의 생산력을 평가할 수 있는 지혜를 얻고 산을 볼 줄 아는 눈을 뜨게 되었다. 지금도 산에 가서 그 산의 우세목의 성장 상태와 수형을 보면 산지의 생산력을 추정할 수 있다.

참고로 온대지방에서 침엽수와 활엽수가 50%씩 자란다고 가정하면, 토지의 산림 생산성은 다음과 같이 추정할 수 있다.

- 산지 생산력이 높은 곳: 연간 $9\,m^3$/ha 이상
- 산지 생산력이 보통인 곳: 연간 $6\,m^3$/ha 이상
- 산지 생산력이 낮은 곳: 연간 $3\,m^3$/ha 이상
- 비경제적 산지: 연간 $1\,m^3$/ha 미만

산지 생산력을 알면 경영 목표와 경영 방법을 설정하는 데 도움이 되고 생산량 예측도 가능하다. 따라서 경제적이고 과학적으로 산림을 관리하려면 산지 생산력에 관한 지식을 기본으로 익혀야 한다. 기업하는 사람들이 자기 공장의 하루 생산 물량이 얼마인지 아는 것과 같다.

산을 볼 줄 안다는 것

산지 생산력 평가란 절대적 의미의 토지 생산력을 뜻한다. 즉, 동일한 산지에서 수종별 생산 능력을 평가하는 것이다. 이것이 수종 선정의 기준이 되며, 이를 적지적수라고 부른다. 적지적수란 주어진 땅에 어떤 수종이 적합한지, 또는 어떤 수종을 정한 뒤 어느 장소가 좋을지 선택하는 행위를 말한다.

산지 생산력 평가 연구는 적지적수 조림에 대한 지침을 만들기 위한 것이었으나 끝을 맺지 못하고 학위 취득 후 대학으로 가게 되었다. 적지적수 조림은 말은 쉬우나 실제로는 대단히 추상적인 개념이다. 주어진 땅의 기후와 생산력을 진단하는 것이 쉬운 일이 아니고, 수종별 생태적 성질도 다양한 데다 지역의 경제 환경도 함께 고려해야 한다.

따라서 적지적수 선정 기준을 매뉴얼로 만드는 것은 기술적으로 의미가 없다. 그러나 입지 환경을 조사·평가해 산지의 토양 수분 상태와 토양 양물 상태 진단, 기후대 진단, 수종별 생산 가능 등급 진단을 내리는 것은 산림 경영 의사결정에 매우 중요한 요소이므로 산림 경영자들은 필히 알아두어야 한다.

산을 볼 줄 안다는 것은 입지환경과 수종의 생장 상태를 보고 산지 생산력과 적합한 조림 수종을 선택할 수 있는 능력이 있다는 뜻이다. 산지의 입지환경은 천태만상이다. 이를 보고 산지 생

182

산력과 수종 선정을 판단할 수 있다면 산림 경영의 목표를 성공적으로 설정할 수 있을 것이다.

1년 만에 대학에서 쫓겨난 이유

훌륭한 산림 경영자라면 산지의 생산력을 잘 진단해 수종을 선택해야 하는데, 나는 직장 진단을 잘 못해서 마치 인공 조림지 잡초목 같은 신세가 되었다. 박사학위를 취득한 해에 원주에 있는 모 사립대학에 응시해 신임 교수로 채용되었다.

원주에 있는 이 대학은 지금까지 학내 분규가 계속되고 있는 곳이다. 나는 새로운 희망을 안고 원주로 내려갔으나 1년 만에 교수 재임용 제도에 걸려서 잡초목처럼 탈락하고 말았다. 당시 박정희 정권이 대학교수들을 길들이기 위해 만들어낸 교수 재임용 제도에 첫 번째 사례로 걸려든 것이다. 신임 교수 네 명이 1년 만에 서울로 되돌아왔다.

아직도 왜 걸렸는지 모르겠다. 유추하건데 신임 교수들과 술집에서 담소를 즐기다가 당한 것 같다. 나중에 들은 이야기인데, 당시 문교부 장관의 도움으로 김 모 씨가 대학을 인수했는데 기존 교수 중 눈엣가시 같은 사람들이 있었다고 한다. 기존 교수만 자르면 문제가 될 것 같으니 기존 교수와 신임 교수 총 여덟 명을 퇴출시켰던 것이다. 일부는 소송을 걸어 복직했지만 나는 그

길로 학교를 떠났다.

담소를 하다 보면 비판도 할 수 있는데, 긴급조치 시대에 눈치 없이 놀다 잡초목이 된 셈이다. 사립대학이 돈만 생각하는 곳인 줄 모르고 상아탑에서 학생들을 가르친다는 순진한 생각만 한 결과였을까? 하지만 그곳에 계속 남아 있었다면 학내 분규 속에서 훈장을 하다 인생을 마무리했을지도 모른다. 숲과 함께 살아갈 기회를 다시 갖게 됐으니 오히려 전화위복이 된 셈이다. 한국의 숲도 내가 학교에서 교수로 있기보다는 현장에서 자신을 가꾸고 경영해주길 바랐는지도 모르겠다.

8장   **독일의 숲을**
                                               배우다

양산 통도사는 독일과 기술 협력을 하는 산림경영사업소를 1974년부터 운영하고 있다. 당시 정부는 전국에 14개 경제림 단지를 두고 영림공사와 같은 조직으로 경영하려고 구상하고 있었다. 독일에 이에 대한 경영 지원을 부탁해 경영 협력 사업의 일환으로 만들어진 조직이 한독산림경영사업기구다.

이 기구는 1966년 한독기술협회 기본 협정을 체결한 베를린 조약에서 출발했다. 1971년에는 과학기술처에서 임업 및 산림 공업 분야의 기술 협력을 독일 정부에 요청했고, 1972년 독일 전문가들이 한국에 와서 타당성을 조사한 뒤 1974년에 시작한 것이다.

한독산림경영사업Korea German Forest Management Project은 경남 양산에

서 10년, 강원 강릉에서 10년 총 20년간 진행되었고 1994년에 한국 정부에 이관되었다.

나는 1976년 11월에 양산산림경영사업소에 한국 측 전문가로 참여하면서 독일인들과 함께 일할 기회를 얻었다. 한독 산림 전문가들은 이 지역 400헥타르를 시범 경영 지역으로 정하고, 산림 토양과 산림 식생 등 기본 정보를 수집하면서 처음으로 산림 경영 계획을 편성했다. 지금의 울주군 두리면과 상북면 지역 일부다. 더불어 이 시범 경영 지역과 입지 조건이 유사한 국유림을 선정해 여러 가지 수종을 비교하며 시험 조림을 해 연구를 지원했다. 나는 한독기구양산사업소 시험담당관으로 부임해서 연구 지원 사업과 산림 경영 계획 편성, 농업용 용재림을 생산하는 농용림 조성을 담당했다.

처음에는 울주군 삼남면 조일리에 마을 소유 산림 48헥타르를 매입해 시험 사업을 했다. 봄에 부실한 소나무숲을 수종 갱신해 편백나무와 삼나무를 조림했는데, 여름에 조사하니 거의 다 말라 죽고 말았다. 독일 측 책임자인 폰 박사에게 나무를 살리는 시험이 아니라 죽이는 시험을 했다고 질책을 받기도 했다.

초기 시험의 실패에도 불구하고 1977년 봄부터 이 시험림에 또 다른 시험 사업을 벌였다. 침엽수 적응 시험, 식재 간격 시험,

활엽수 적응 시험, 시비 시험, 식재 방법 시험, 내충성 소나무 양묘 시험, 국부 기상 관측 시험 등 그동안 해보고 싶었던 일들을 마음껏 해보았다. 이 시험림은 내가 강릉 임업기계훈련원으로 옮긴 후에도 양산에서 보조 역할을 했던 이장수 씨가 계속 관리했고 지금은 평균 나이가 40년인 울창한 숲이 되었다.

당시에는 치산녹화 10개년 계획에 따라 전국적으로 조림 사업이 이루어지고 있었다. 하지만 우리 정부는 무조건 묘목부터 공급하고 주민들에게 심도록 강요했다. 적지적수와 같은 과학적인 고려 없이 일단 심고 보자는 식이었다.

반면 독일인들은 먼저 토양과 식생의 성질을 알아보고 그 땅의 생산성과 기후에 맞는 수종을 찾아서 심는 등 과학적이고 계획적인 조림 사업을 실시했다. 지금도 울주군 협업 조림지에 가면 이들이 조림한 숲을 볼 수 있다.

치산녹화 20년 동안 약 100억 그루의 나무를 심은 것으로 추정된다. 세계적으로도 이렇게 단기간에 산림녹화에 성공한 나라는 찾아볼 수 없다. 오늘날 수많은 환경운동가가 아프리카, 남미, 아시아에서 나무 심기 운동을 하지만 산림을 복원했다는 국가는 없다. 그런 점에서 우리의 치산녹화 성공을 자랑할 만하다.

하지만 그렇게 많은 나무 중에 인공 조림지로 성공한 숲을 찾아보기가 쉽지 않다. 왜 그랬을까? 원인은 단기 실적 위주, 비과학적인 접근, 전근대식 상명하복 명령 체계에 있지 않을까 싶다. 산림을 체계적으로 경영할 수 있는 시스템은 전혀 갖추지 않은 채 성급하게 실적만 내기 위한 사업이 반세기 후에 고스란히 문제로 나타나고 있다. 그래도 그 열악한 조건에서 독일인과 함께했던 도전과 실험은 우리 사회에 정말 특별한 의미가 있다고 본다.

독일식 각식재법, 한국식 식혈법

조림을 하려면 잡초목을 베어내고 나무를 심을 수 있게 땅을 정리해야 한다. 당시 잡초목을 베는 도구는 낫과 손톱이었다. 그런데 젊은 남자들은 산업화와 도시화를 따라 모두 떠나버린 탓에 조림지 정리 작업은 힘이 부족한 여자들과 노인들이 해야 하는 상황이었다.

인력 문제를 해결할 방안을 찾다가 국유림 관리소에서 보관하고 있던 미국산 브러시커터brushcutter를 발견했다. 이 기계를 빌리고 동네 사람들을 훈련시켜 작업단을 만들었다. 브러시커터를 빌려준 관리소 직원은 독일 연수 때 함께 간 전진표 씨다.

한국에서 작업단을 편성할 수 있었던 건 브러시커터를 빌려준 전진표 씨와 이 기계를 가지고 사람들을 훈련시킨 한진길 씨의 공이 크다. 단순해 보이지만 한국 임업 기계화와 작업단을 발족하는 데 일조한 숨은 공로자들이다.

이를 계기로 독일에서 다양한 임업 기계와 도구를 들여왔다. 각식재법이라는 식재법도 도입해 1인당 하루 600그루를 심을 수 있었다. 각식재법은 삽으로 파서 심는 기존의 식혈법과 많이 다르다. 도끼괭이라는 도구를 사용하는데, 도끼날로 뿌리를 자르고 괭이로 뿌리가 들어갈 만큼만 찍어내어 나무를 심는 방식이다. 각식재법은 흙의 모세관 현상을 파괴하지 않아 토양을 보호할 수 있고 비용도 적게 든다. 그런데도 우리는 여전히 돈도 많이 들고 토양의 물리적 성질을 훼손하는 식혈법을 쓰고 있다.

아울러 협업 경영 단지에 사는 주민을 중심으로 기계화 작업단을 편성했다. 이런 활동들이 훗날 산림 노동자와 기술자들을 대상으로 강릉 임업기계훈련원을 설립하는 계기가 되었다. 문제를 해결하려는 새로운 시도는 언제나 새롭게 전진하는 기회가 된다.

산주들을 위한 단체를 만들다

한독사업을 위한 경영 단지는 약 400헥타르이지만 단지의 고도차를 고려해 산악지대와 야산지대로 구분했다. 규모는 각각 200헥타르 내외로 했으며 전담 산림 매니저를 배치해 관리했다.

작은 유역과 리동의 크기에 따라 같은 생활권에 거주하는 산

상북면 내와리에는 1970년대에 사용했던 한독산림사업기구 건물이 남아 있다.

주들을 모아서 산주 단체도 만들었다. 산림 경영에 관한 의사결정을 하는 산주 협업체를 한국 최초로 실험하게 된 것이다.

이들의 경영 활동을 돕기 위해 산림 경영 계획을 편성하고 사유림 경영 체계를 만드는 것이 사업 목표였다. 노동력과 재료는 한국 정부가 지원하고 장비와 기술 및 교육 훈련은 독일 정부가 지원하는 협력 체계로 조림 사업을 했다. 이 '사유림협업경영체'가 한국 최초의 사유림 경영 단체다.

하지만 산주들을 설득하는 건 결코 쉬운 일이 아니었다. 산주

숲의
뒤안길

들은 일제 치하에서 이미 땅을 빼앗긴 경험을 가지고 있던 터라 협업 경영을 통해 독일인들이 땅을 빼앗아가지는 않을까 걱정했다. 또, 당시 YMCA 대학생들이 산촌 조사를 위해 자원봉사로 참여했는데, 지금 경상대학교 교수인 대표적인 진보 경제학자 장상환 교수가 자원봉사자 중 한 명이었다. 산촌 조사를 돕던 이 청년들이 심각한 문제 제기를 했다.

"왜 산주를 지원하나요? 산주는 지주 계급이고 더군다나 독일과의 협력 사업인데, 가난한 주민들을 지원해야지 산주를 지원하는 것은 형평성에 맞지 않는 것 같습니다."

꽤 설득력 있는 주장이었다. 그 때문인지 지금도 정부에서는 조림 및 육림 사업에 필요한 비용의 10%를 산주에게 부담시킨다. 돈을 쥐고 있는 예산 부처에서도 같은 주장을 되풀이한다.

40년이 지나도록 아직까지 국민의 세금으로 사유림을 가꾸는 문제는 해결되지 못하고 있다. 당시에는 누구도 이 질문에 쉽게 답하지 못했지만, 이제는 말할 수 있다. 숲은 살아서는 국민과 지역사회를 위해 존재하고, 죽어서야 그 이득이 산주에게 돌아간다. 국민 모두에게 혜택을 주는 산과 숲이 모두 국가나 공동체의 소유였으면 좋겠지만, 우리나라는 67%가 개인 소유다. 조선 시대까지는 산림의 개인 소유 제도가 발달하지 않았는데 일제 강점기를 거치면서 이런 제도가 만들어진 것이다.

여러 어려운 환경에서도 산주들의 참여를 이끌어내기 위해 낮에는 산주들을 찾아가 설득하고, 저녁에는 홍보 영화를 보여 주면서 조금씩 신뢰를 쌓아나갔다. 전담 산림 매니저들이 지역 협업체 회장과 함께 산주들을 부단히 설득해 결국에는 모두 적극 참여하게 되었다. 사유림 협업 경영체의 모델은 한국 사유림 경영 활성화의 좋은 기회였다. 협업 경영체의 의사결정은 지금 봐도 매우 선진적이다. 요즘 '거버넌스'라는 용어를 사용하고 있는데, 당시에 이미 영남 알프스 산골짜기에서 거버넌스가 실현되고 있었다. 협업 경영체의 의사결정 과정에는 산주와 지역사회, 정부, 심지어 산림 노동에 참여하는 작업단도 함께했다.

이처럼 사유림 경영을 활성화하기 위한 해법을 독일 측에서 제시해주었음에도 이를 온전히 받아들이지 못하고 지금도 관주도 방식으로 사유림을 이끌고 있다. 사유림 경영을 활성화하기 위해서는 첫째, 국가의 지원이 있어야 하고 둘째, 산주의 자발적 참여와 동의가 절대적으로 필요하다. 셋째, 다양한 이해관계자가 참여하는 거버넌스 구조가 있어야 한다. 지금이라도 늦지 않았다.

한독산림경영사업을 통해 협업 경영을 성공적으로 이끄는 데는 산주 설득, 산주의 단체화, 전문 경영기술자 배치도 중요한 역할을 했지만 무엇보다 산주와의 소통과 참여가 핵심이었다. 과거 산림간수라고 불리던 산림과 행정 직원들은 땔감 채취 등을 빌미로 강압적인 방식으로 주민들을 통솔한 데 비해, 협업체 산림 매니저들은 산주들과의 소통과 신뢰를 바탕으로 리더십을 발휘했다. 협업 경영 제도는 지금의 사회적 경제, 협동 경제와 다르지 않다. 1990년대에는 200개소 넘게 전국으로 확대되었으나 어느 순간 시들해지더니 지금은 거의 사라지고 말았다. 다시 한 번 협업 경영을 복원시켜 사유림 경영을 활성화하는 수단으로 삼았으면 좋겠다. 어쩌면 사유림 협업 경영체에 우리의 오래된 미래가 있는지 모르겠다.

한독산림경영사업의 독일 연수

한국과 독일은 숲을 관리하는 제도와 방법에 차이가 많아 갈등이 끊이지 않았다. 한국은 전투적 조림 사업 중심인 데 반해 독일은 과학적 경영에 기반을 두었으니 서로 이해하지 못하는 것이 당연했는지도 모른다.

그런 문제를 해결하기 위해 한독산림경영사업에 직·간접적으로 참여한 전문가들이 단기, 중기 과정으로 독일 연수를 다녀왔다.

1978년 한국 측 전문가를 초청해 독일의 산림 경영을 소개하다. 왼쪽부터
독일 현지 산림관리소장, 심상영 육종연구소장, 마상규, 이경상 산림청 담당 계장,
베닝(후에 임업기계훈련원 파견), 박태식 교수, 게트너 임업시험장

당시 한국의 산림 축적이 $10\,m^3$일 때 독일은 $300\,m^3$이었다. 양적으로나 질적으로나 비교할 수 없는 상대였다. 독일의 숲은 이미 이상적인 구조를 갖추고 지속 가능한 경영으로 이행 중이었다. 한국의 산림 경영에 대한 꿈과 희망을 갖게 한 곳이 바로 독일의 숲이었다.

독일에서는 이상적인 숲을 법정림Normal Wald이라고 불렀다. 법정림이란 첫째, 이상적인 산림 축적을 갖추고 둘째, 숲의 나이를 10년 단위로 구분·배치해 지속적인 생산이 가능하게 하고 셋째, 연간 생장량이 일정해 국가에서 필요한 목재를 일정하게 공급할 수 있게 조성된 숲을 의미한다.

이상적인 숲을 갖고자 하는 생각이 지속 가능한 경영이고, 지속 가능한 경영 사상을 실천하는 행위가 법정림을 조성하고 유지하는 것이다. 법정림 사상을 산림 경영 계획에 반영하고 융통성 있게 조정해나가는 것이 독일의 산림 경영 원칙이었다.

독일의 숲도 위기에 처한 경험이 있다. 독일은 1, 2차 세계대전 후 패전국으로써 승전국들에게 전후 배상을 요구받았다. 그 가운데는 독일의 숲을 벌채해 보상하는 것도 포함되었다. 하지만 독일인들은 이를 거부했다. 공장은 1년이면 새로 만들 수 있지만 우리가 가꾼 숲을 처음부터 다시 가꾸려면 100년 넘게 걸린다는 것이 그 이유였다.

　독일의 숲이 지금과 같이 이상적인 모습을 갖추게 된 배경에는 훌륭한 산림 사상가들과 국민적 합의가 있었다. 법정림 사상을 개발한 사람이 정년 때까지 주 산림청장을 역임하면서 이를 정착시켰다고 한다. 그런데 우리는 국유림 관리소장이 1년이 멀다 하고 바뀐다. 특히 1970년대 상부의 명령에 따라 움직이던 군사 정권 시절에는 산주의 자율적 참여보다는 행정 권력의 명령에 따라 움직여야 하는 사회 분위기여서 계획적이고 과학적인 조림 사업을 추진하기 어려웠다.

　독일이 이상적인 숲 구조를 갖추게 된 것은 정치적으로 우수한 리더십 이외에도 경영 조직과 경영 지원 조직, 그리고 인력의 전문성 등 산림 경영에 필요한 시스템을 완비한 덕분이다. 인력 구조를 보면 대학 임학과를 졸업해 자격을 갖춘 자들이 계획적 관리를 담당하는 상급기술자로 있었다. 이들은 1만 헥타르의 산림을 지속 경영하는 책무를 맡았다. 그 아래에는 산림 경영관리자인 산림관들이 있다. 중간기술자급인 산림관은 경영 목표 달성을 위한 작업 관리를 책임진다. 이들은 산림전문대학 졸업 자격을 갖추고 있으며, 전문 기능 작업 인력과 함께 각종 산림 작업을 담당한다. 인력의 수는 100~200헥타르당 한 명으로 기간 작업원과 상용 작업원으로 구성되어 있다.

이들의 학력 수준은 한국과 다를 바 없으나 근무 형태는 전혀 다르다. 산림관과 기능 인력 모두 자신의 담당 구역 근처에 살면서 특별한 이유가 없는 한 평생 직장으로 근무한다. 이들의 전문성은 우리와 비교할 바가 아니었다.

이들은 어디에 무슨 나무가 어떻게 자라고 있는지, 어디에 어떤 동물이 얼마나 서식하고 있는지 모두 알고 있어서 적기에 최적의 작업을 할 수 있다. 이런 과정을 통해 전문성이 늘어나고 책임감도 함께 자라갈 것이다.

오늘날 독일의 숲이 이렇게 수준 높게 관리되는 배경에는 사람과 시스템이 있다. 1~2년마다 자리를 이동하는 한국의 공무원 사회와 비교한다면 그들의 전문성과 책임성이 높은 이유를 짐작할 수 있다. 숲은 현장에 있는 사람들이 가꾸는 것이지 행정 서류와 지시로 가꾸어지는 것이 아님을 깨달았다.

몸소 익힌 독일의 앞선 산림교육

강릉에 임업기계훈련원을 설립하고 산림 노동자들의 직업 훈련 제도와 교육 훈련 방식을 배우기 위해 교관 네 명이 1년 동안 함께 연수를 떠났다.

당시 통일 전 서독에는 3년 과정의 산림직업학교가 15개 있었다. 이 학교에서는 산학 협동 방식으로 일주일에 6일은 현업에서, 하루는 교실에서 배우는 교과 과정을 운영했다. 덕분에 이론과 실기를 함께 익힐 뿐만 아니라 직업학교를 이수하면 전문 기능인으로서 표준 실력을 갖출 수 있었다.

학생들은 톱날을 가는 기술을 직접 터득하고 기계톱으로 벌목도 직접 하면서 기능을 습득해나갔다. 간벌재 선목과 집재와 품등 검척 기술도 배웠다. 우리는 여러 직업학교와 기계화 작업 현장을 돌아보면서 기계화 기술 교육 방법을 접하고, 사범대학에서는 교육 훈련과 강의 기법을 배웠다. 문화만 생소한 것이 아니라 독일인들의 수준 높은 기술 교육 모두 처음 접하는 것들이었다.

함부르크에 있는 산림 작업 연구소에서는 인체공학에 대한 연구, 작업 행동과 작업 시간 연구도 배우는 등 새로운 학문과 기술을 습득하는 시간이었다. 산림 작업 장비에 대한 안전검사와 인증제도도 그곳에서 처음 접했다. 1년 남짓한 시간 동안 현장 연수를 통해 산림 작업의 중요성을 알게 된 것은 정말 감사한 일이었다.

한국도 독일과 같이 이상적인 숲을 갖고자 한다면, 산림 노동자들에게 안정된 직장을 제공해 전문적이고 책임 있는 작업 환경을 조성해주어야 한다. 동시에 산림 노동자들과 함께 작업 계획을 세우고 작업 관리를 하는 산림관을 전담 배치해야 원하는 숲의 모습을 볼 수 있을 것이다.

독일에서의 경험은 나에게 평생 숙제가 되었다.

9장

우리 땅에 맞는
숲 가꾸기를 시작하다

행정 관리만을 위한 한국의 산림 기술

독일 산림 교육의 기본 철학은 다양한 산림 현상을 스스로 해결하는 능력을 키우는 데 둔다. 산림 현상은 수종의 차이, 크기의 차이, 입지와 기후 조건, 산림 이용의 차이, 임산물의 시장 조건과 용도의 차이 등 매우 다양하다. 이런 것들을 규정과 규칙에 모두 담아낼 수 없으니 산림 경영자가 스스로 얻은 최신 정보와 기술을 적용해 경영 및 작업 방법을 결정해야 한다.

이런 철학이 있기에 독일에서는 산림 기능인들이 전체 교육의 70~80%를 현장 중심의 실기 훈련으로 받고, 산림 경영자도 50%는 현장 위주의 훈련을 받는다. 이론과 실기를 일치시키는 교육 방식이 잘 관리된 숲을 낳은 것이다.

독일에도 산림 경영과 산림 작업의 기준과 지침이 없지는 않지만 실천 방법은 현장 상황에 맞게 능동적으로 응용한다. 그럼에도 사람에 따라 기술과 기능 수준의 차이가 거의 없다. 지금은 현장에서 사라진 옛날 방식도 교육해서 알려준다. 옛날 방식을 주어진 상황에 맞게 응용할 때 가치 있는 정보가 될 수 있기 때문이다.

독일의 산림직업학교와 경영자학교 교관들은 현장에서 직접 산림 경영을 담당하는 겸업형이다. 교관 확보와 관리 비용도 크지 않다. 직업훈련원은 산림관리소 소장이 원장을 겸하고, 이론 교관 한 명과 실기 교관 한 명 그리고 식당 및 건물 관리자로 구성되어 매우 효율적으로 운영한다. 그래도 큰 불편과 불만을 발견할 수 없었다. 그래서 독일 교육 훈련 경험을 그대로 옮겨와 강릉 임업기계훈련원에서 우리 식으로 발전시켰다.

한국의 산림 교육은 여전히 현장에 대한 지식과 기술이 아니라 책 속에 있는 기술과 지식만으로 이루어진다. 그런 상태에서 현장을 맡으니 경영 품질이나 작업 품질을 기대하는 게 무리일 수밖에 없다. 산림경영기술이 표준화되고 산림 작업의 품질을 높여나가기 위해서는 산림 경영자와 기능인들의 눈높이를 같게 하는 현장 토론과 현장 실기 훈련 방식이 일상화되어야 한다.

한국의 산림 기술은 행정 관리를 위한 작업 기술이지 산림 경영 관리를 위한 기술은 아닌 것 같다. 기술도 정부 보조금 지원 사업용일 뿐 산주의 소득과 연관된 사업 기술은 수십 년이 지나도 발전하지 않고 있다.

안양 진달래 사건으로 깨달은 미래목의 중요성

1998년 숲 가꾸기 공공근로사업이 전국적으로 시행되면서 큰 논쟁이 벌어졌다. 안양의 한 사업장에서 시민환경단체의 문제 제기로 사업이 중단된 것이다. 일명 '안양 진달래 사건'이다.

산책로에 있는 진달래가 숲 가꾸기 작업자에 의해 몽땅 잘려나가는 현장을 어느 환경운동가가 목격하면서 벌어진 일이다. 이 일로 산림청의 숲 가꾸기 사업에 일대 전환이 일어났다. 하라는 일은 안 하고 엉뚱한 일을 벌여 생긴 일이다. 이미 1980년대에 여러 산림 전문가들이 천연림 보육과 함께 우리 땅에 맞는 미래목 경영 방식인 숲 가꾸기 방법을 개발했지만 보급이 제대로 안 되고 있었다.

미래목 관리란 숲 속의 나무를 기능별로 구분할 때 '미래의 재목이 될 수 있는 미래목, 미래목 생장에 방해가 되는 방해목, 미래목의 가지를 억제하고 줄기를 보호하는 보호목, 그리고 미래목 성장과 무관한 무관목'으로 구분하고 방해목을 제거해나가는 방식이다. 숲은 인공림이든 천연림이든 어릴 때는 밀도가 매우 높다.

그러나 성장하면서 도태되는 나무가 생기기 때문에 시간이 지나면서 개체 밀도가 낮아진다. 잣나무 인공림을 예로 들면 처음 조림할 때는 1헥타르당 3,000그루를 심고, 숲 가꾸기를 반복하면서 청년기에 도달하면 1,200여 그루 정도로 조절하고, 목적에 따라 500~800그루를 남겨 최종 수확을 한다. 우후죽순 자라는 자연 상태의 숲을 관리할 때 아무 생각 없이 무조건 밀도만 조절하면 숲의 가치가 떨어지므로 최종 목적인 미래목 500그루를 잘 관리하는 방식인 것이다.

미래목 경영은 긍정적 가능성을 가진 나무를 선정해 집중 관리하면서 대경우량재를 생산하는 방식이다. 미래목이라는 개념은 독일어를 의역한 것으로 직역하면 '생산목표목' 정도 된다.

미래목은 숲에서 우열이 형성되는 시기에 생장력과 형질이 우수한 수종을 선정하고, 수종별 생산 목표 직경에 따라 최종 그루수를 결정한다. 따라서 미래목은 최종 수확할 때까지 보호해야 하며, 형질 개량을 위해 침엽수는 가지치기를 하고 활엽수는 줄기를 보호하는 나무를 함께 가꾸어 옹이가 없는 나무로 가꾸어나가야 한다.

이 방식은 비용을 낮추면서 소득은 높여줄 뿐만 아니라 자연친화적인 경영 방식이다. 이미 유럽이나 일본에서는 보편화된 방식이다.

그러나 미래목 경영 방식은 우리 사회에서 저항이 만만치 않았다. 미래목 경영 방식을 도입하면 과거와 달리 하층 식생은 보호하고 경쟁목만 제거하므로 산림 경영을 잘 모르는 행정 책임자들은 작업한 결과를 쉽게 이해할 수 없다. 산림조합이나 산림 법인 그리고 작업자들의 입장에서 작업 결과를 보고하고 돈을 받으려면 결과를 알아보기 쉬운 하층 식생이나 이미 도태되어 시간이 지나면 죽어갈 나무들만 베고 마는 것이다. 형식적인 감사와 전시 행정의 결과다.

숲 가꾸기 현장에서도 1헥타르당 미래목 그루 수에 관해서는 논란이 있다. 하지만 이는 수종별로 차이와 숲의 형질에 따라 심사숙고해서 산림 기술자들이 결정할 문제다. 이 방식을 보급할 때 미래목 선목 사례로 독일 가문비를 들었는데, 그만 이 사례가 기준이 되고 말았다. 헥타르당 400그루를 미래목으로 제시하고 간격을 4m 이상 되게 하라'가 마치 주술사의 주문처럼 확산되었다. 안타까운 일이 아닐 수 없다.

잡목은 없다

나무 심기는 민둥산을 푸르게 하고 토양의 침식을 막아주며,

물을 저류해주는 효과가 있다. 국토의 경관을 바꾸고 홍수와 가뭄 등 기상재해를 막는 공익적 가치 때문에 정부 보조금을 투입하게 된다.

처음에는 나무를 심을 면적이 넓었으나 시간이 지남에 따라 조림지 찾기가 어려워졌고 조림비를 반납하는 상황까지 생겼다.

반면 농산촌 인구는 점점 줄어들고 연탄 보급으로 연료 채취가 중단되면서 참나무 등 활엽수가 맹아 상태로 자라게 되었다. 활엽수는 잡목으로 여겨져 나무 취급을 못 받던 시절이 있었다. 물론 우리 역사에서 항상 참나무 같은 활엽수가 천대받은 것은 아니다.

인쇄술의 역사에 영원히 남을 팔만대장경의 목판 재료는 모두 활엽수다. 참나무류는 갈잎과 같은 퇴비나 농사 도구를 만드는 데도 유용했다. 오죽하면 이름에 '참'이라는 접두사가 붙었겠는가. 소나무도 곧게 자라지 못하고 구불구불 자라면 형질이 불량하고 가치가 없다고 여겼다.

많은 지역에서 이들 참나무류와 소나무를 베어내고 조림을 새로 했다. 그러던 중 독일 연구자들에게 활엽수와 소나무의 가치가 인정받으면서 우리 정부에서도 활엽수를 가꿀 방법을 나에게 의뢰했다. 그렇게 독일의 어린 숲 가꾸기 경험을 바탕으로

울주군 상북면 소호리에는 1970년 말에 조성한 상수리나무숲이 있다.
인공조림을 하지 않고 천연림 보육을 통해 조성된 숲이다.
상수리나무 줄기를 보호하고 가지 발생을 억제하기 위해 심은 전나무는
다음 숲의 주인이 될 것이다.

우리 식의 활엽수 가꾸기를 개발하게 되었다.

시간이 흐른 뒤 이 방법을 천연림보육[40]사업이라 부르고 조림 사업의 일환으로 추진했다. 우리는 보통 '조림'을 '나무 심는 일'로 이해한다. 하지만 조림造林이라는 단어는 한자를 보아도 '숲을 만드는 일'로, 꼭 묘목을 심지 않고도 자연적으로 자라는 어린나무들을 잘 관리해 인공 조림의 효과를 거둘 수 있다.

이 사업은 1980년대부터 시작되어 현재까지도 지속되고 있다. IMF 시대에는 대량 발생한 실업자들의 일터로 활용되고, 산림청 예산을 확대할 기회도 된, 산림의 사회적 기능을 보여준 사례이기도 하다.

최초로 천연림 보육을 한 울산시 울주군 조일리와 소호리의 참나무 숲은 천연림 보육 기술을 보급한 최초 시범지라 할 수 있다. 천연림 보육 사업은 잡목으로 취급하고 천시했던 참나무류를 경영 수종으로 인정하는 계기를 마련했다. 나아가 참나무 숲을 함부로 베지 않고 건강하게 남겨 생태적, 경관적으로 더 큰 가치를 발휘하게 했다.

이제는 천연림 보육 사업의 효과가 충분히 검증되어 쓸모없

---

40 인공조림이 아닌 자연의 힘으로 갱신된 숲, 맹아의 발달로 생긴 참나무 맹아림과 소나무 천연갱신림을 큰나무숲으로 유도하는 작업이다. 이를 통해 방치되었던 자연 상태의 숲을 산림 경영 대상으로 삼을 수 있다.

는 나무, 쓸모없는 숲, 잡목은 없다. 숲의 종류와 관계없이 숲 가꾸기를 하는 시대로 발전해야 한다.

10장   임업기계훈련원을
설립하다

산림 기능인을 위한 직업 훈련 개설

독일 연수 기간에 두 번째 한독사업으로 강릉 연곡에 임업기계훈련원을 조성하고 한국에서도 산림 분야 직업 훈련을 시작하려고 준비 중이었다. 독일 교관으로 대학교 출신 한 명, 전문대학 출신 산림관 한 명, 직업학교 출신 기능장 한 명이 배치되고 한국 교관으로는 이론 담당 교관 세 명, 실기 담당 교관 세 명과 조교들이 배치되어 산림 분야 기능인 훈련을 시작했다.

직업 훈련 기관의 공식 영문 명칭은 '포레스트 워크 트레이닝 센터Forest Work Training Center'로 독일어 '발트 아르바이트 스쿨Wald Arbiet Schul'과 동일하지만, 이를 우리말로 번역하는 게 문제였다. 산림 작업으로 번역하자니 생소해 이해하기 어렵고, 산림 노동으로 변역하자니 '노동'을 우대하는 북한 정권과 연관성이 있는 것 같아 눈치가 보였다. 그래서 좀 묵직한 맛이 있고 미래지향적인 의미에서 '임업 기계'로 번역해 공식 명칭을 '임업기계훈련원'이라 했다.

'산림 작업'에 숭고한 뜻이 있음에도 당시에는 작업이라는 말이 거칠고 힘들고 더럽다는 인상을 주어 '임업 기계'로 번역한 것을 후회하기도 했다. 산림 작업은 인간이 기계와 재료를 가지고 생산 활동을 하는 기술이자 기능임에도 기계만을 지나치게 강조한 결과를 가져왔기 때문이다.

아무튼 연곡 임업기계화훈련원을 계기로 양산에 산림기술훈련원, 진안에 산림기능인훈련원이 개설되었으며 오늘날까지 이어지고 있다.

산림 기능인 훈련 과정은 독일의 산학 협동 방식인 듀얼시스템Dual System을 도입해 2년 과정으로 운영했다. 전 교육 기간의 1/7은 학교에서, 6/7은 직장에서 배우는 방식이다. 정작 직장에서 새로운 기술을 가르쳐줄 전문 인력이 없었으나 훈련 시스템은 그대로 도입하기로 했다.

교과과정은 3주씩 4개 과정을 두어 훈련원 교육에 착수했다. 도구기계 과정, 조림육림 과정, 소경재생산 과정, 대경재생산 과정을 수료하면 실기 시험을 치러 자격을 부여했다.

기능사, 기사 자격제도의 도입

훈련 과정을 추진하면서 수료 후 자격증 제도를 도입해야 할 필요성을 느껴 직업훈련관리공단에 산림 분야 기능 자격제도를 신청했다. 당시 국가기술자격증의 기능 분야는 기능사보^{훈련생}, 기능사, 기능장, 기술 분야는 산업기사, 기사, 기술사로 각각 3등급으로 구분되어 있었다.

산림 분야의 기능, 기술의 자격 명칭을 영림 분야라 부르기로 했다. 당시 국유림 경영을 담당하는 기관 명칭이 영림서였기 때문이다. 이를 따르기로 하고, 당시 산림청 서승진 담당관^{나중에 산림청장을 역임했다}과 함께 임업에도 여섯 가지 자격제도를 두겠다고 신청한 것이 오늘날 산림기술자격제도의 시초다. 이때가 1980년대 초다.

영림기능사, 영림기사 분야의 자격제도 6종을 이행하는 데 필요한 이론 시험을 출제하고 실기 시험을 준비하기 위해 나 역시 열심히 공부하지 않을 수 없었다. 기능인들을 훈련시키기 위해 다양한 작업 방법과 능률을 가르쳐야 했다. 그러다 보니 시험 출제를 위해 밤을 새워 공부해야 했다. 덕분에 다양한 분야를 공부할 수 있었고, 이 공부가 숲 인생을 살아가는 데 길잡이가 되었다.

산림기술자 자격제도가 도입되던 초기에는 기술사 응시자가

거의 없었다. 첫 산림기술사[41] 응시생은 한 명으로 이론 시험은
무조건 합격시키고 보니, 대학 동기인 권상원이었다. 그가 산림
기술사 1호로 인증되었음은 물론이다. 이후로 많은 산림기사[42]
와 기술사 자격 취득자가 배출되어 오늘날 사업체의 핵심이 된
것은 임업 기술 발달 과정에 매우 다행스러운 일이다.

산림 분야의 자격증 명칭과 등급 단계도 모두 바뀌었다. 응시
생이 없어 산림기능장 제도가 사라진 것은 아쉬운 점이다. 학교
에는 박사, 석사, 학사 제도가 있고 기술자에게는 기술사, 기사,
산업기사 등급이 있듯이, 기능인에게는 기능장, 기능사, 기능사
보 개념을 두어 각 분야별 최고의 자격을 취득할 때 사회적으로
동일한 대우를 받게 하자는 취지로 산림기능장 제도를 만들었
는데 아쉽게 되었다.

41 임업 직무 분야 중 최고 등급에 해당하는 국가기술자격. 산
   림에 관한 고도의 전문지식과 실무경험에 입각한 계획, 연
   구, 설계, 분석, 시험, 운영, 시공, 평가 또는 이에 관한 지도,
   감리 등의 기술업무를 담당한다. 2016년 현재 산림청이 주
   관하며 자격검정 시행은 한국산업인력공단이 맡고 있다.

42 산림 기술과 지식을 가지고 영림계획편성, 경영분석, 산림
   휴양시설 설계와 관리 같은 기술업무를 하거나, 산림 사방
   설계 및 시공, 임도설계, 시공 임업기계 비용, 기술 등을 맡
   는 전문인력. 산림자원의 조성 및 관리에 관한 법률 시행령
   에 의해 자격을 얻을 수 있다.

독일어로는 마이스터Meister, 영어로는 마스터Master라 불리는 산림기능장은 산림 분야의 최고 기능을 갖춘 자를 뜻한다. 산림기능사들과 함께 각종 산림 작업을 담당한 사업체 운영의 사장이 될 수 있게 했음에도 이 자리를 산림산업기사 이상으로 자격을 제한시키니 산림 기능도, 기능장도 필요없어진 것이다.

어디 산림 분야뿐이겠는가? 사회 곳곳에서 기술자들을 인정하지 않고 오직 학벌로 사람을 판단하는 분위기 때문에 산림기능장 제도를 살릴 수 없었다. 지금이라도 가능하다면 산림기능장 제도를 복원해 산림 작업 수준을 높이고, 산림기능인으로서 자긍심을 가지게 하는 것이 산림기술인 교육에 평생을 바쳐온 나의 작은 소망이다.

영림작업단을 만들다

산림기능인 직업 훈련 1기생으로 국유림에서 열두 명, 산림조합에서 열두 명을 선발해 이들을 영림작업단이라 불렀다. 국유림에서 선발된 직업 훈련생은 가평군과 연곡면 출신의 젊은 산촌 청년들이었다. 산림조합의 경우 젊은 지도원들로 구성되어 최초로 직업 훈련 과정을 이수했다.

직업 훈련 1기생이었던 함영철은 기계훈련원 조교로 채용되어 후일 Ham200, Ham300을 개발한 한국 유일의 기계화 기술자가 되었다. 그 외에도 다섯 명의 훈련생을 뽑아 이들을 훈련원 실습림 200헥타르를 관리하는 영림작업단이라 칭하고 기간 작업원으로 일하게 했다.

영림작업단은 주문진에 거주하면서 경운기로 출퇴근하게 하고, 교관 1인을 배치해 상시 고용의 길을 마련함으로써 국유림 영림작업단의 모델이 되었다.

영림작업단이 12인 1조가 된 이유는 단순하다. 당시 실습용 차량이 24인승이라 2개 팀 24인 과정을 운영하다 보니 생긴 결과다. 12인이 영림작업단 1개 팀으로 편성되어 2년간 훈련을 받고 자격도 취득해 자연스럽게 한 팀이 된 것이다.

현재 국유림 영림작업단은 일반 사업체의 하청업체와 같은 대우를 받고 있다. 연중 고용이 이루어지지 않고 사업이 있으면 모여서 일하는 식이다. 물론 숲을 가꾸는 일은 계절의 영향을 받는다. 그래서 상시고용과 기간제 고용이 잘 어우러져야 한다. 그러나 현실은 상시고용은 극소수고 기간제 고용이 대부분이라 산림 현장에 좋은 인력을 붙들어놓을 수가 없다.

사유림의 경우는 경영 주체가 없어 국유림보다 더 심각한 실정이다. 작업자들은 메뚜기처럼 작업장을 따라 이동하며 일거리를 찾는다. 사유림도 국유림과 같은 경영 주체를 육성시켜 작업단이 안정적인 직장을 갖게 해야 한다. 사유림도 우리 국가, 우리 국민의 숲이기 때문이다.

노동자의 안정적인 일터를 개발하는 나라가 복지 국가다. 사유림 산림기능작업단은 산림기능장이 관리할 수 있게 하고, 시군별로 관리하는 산림기능인작업단 제도로 발전시켜나가야 한다.

산림 경영을 위한 최초의 임도

아직도 선진 임업 국가에 비하면 많이 부족하지만, 그래도 요즘은 임도가 꽤 보편화되었다. 임도에서 산악자전거 대회도 열리고 산골 마을을 연결하는 도로 기능도 한다. 1970~1980년대에는 임도가 아주 생소했다. 임도 하면 '산판길' 정도로 생각하는 사람들이 많았다.

임도란 원래 산림 내에 시설비로 설계되고 관리되는 도로다. 한국에서는 농도農道와 함께 사도私道로 취급된다. 임도는 산주, 산림 경영 계획 편성자, 산림 작업 관리자, 산림 노동자, 임산물 구매자들이 출퇴근하는 길이다. 매년 평균 4~5m^3/ha의 목재를 운반하는 운송로일 뿐 아니라 마을 주민의 이동로, 임산물 채취 도로, 휴양산책로로도 활용된다. 따라서 개인이 이용하는 사적인 도로가 아니라 지역 공공재의 성격을 지닌다. 임도와 연결되어 있는 작업 도로는 임업 기계 장비의 주행과 목재 집재 등에 이용되는 길로, 기계 주행로라고도 한다. 이는 작업비로 관리, 유지되는 길이다. 이와 유사한 운재로도 있다. 시골에서는 산판 길이라 부르는데 일제강점기부터 벌채한 목재를 수탈할 때 집재集材 하고 운송하기 위해 일시적으로 이용했던 길을 지금도 사용하고 있다.

임도의 시설 정도를 임도 밀도라고 한다. 학자들이 제시한 적정 임도 밀도는 40m/ha다. 이는 산림 내의 임도 시설 간격이 250m라는 뜻으로 사면거리가 500m인 산지 중앙에 임도를 건설하면 산림 개발이 적정하게 이루어졌다고 할 수 있다.

이들 임도와 연계해 산림 작업 시 사용하는 작업도 또는 기계 장비로Machine way와, 케이블카가 다닐 수 있게 지상의 장애물만 제거하고 이용하는 작업로corridor로 이용할 수 있다. 산림 개발의 밀도는 임도와 작업 도로를 포함한 것으로 평균 100m/ha를 적정하게 취급하고 있으며 지역에 따라 150m/ha 이상으로 시설할 수 있다.

한국은 산지가 많고 험준할 뿐 아니라 일제강점기부터 운재로 방식으로 산림 약탈을 해왔기 때문에 지속 가능한 경영을 위한 산림 개발이 이루어지지 않고 있다. 산림 경영을 자연에 맡기는 조방적 관리 정책을 취해온 것이다.

한독사업 이전에도 임도 시설에 대한 시도는 있었으나 산악지대의 임도 시설과 이를 관리하는 기술은 없었다. 한국의 전문적인 산악 임도 시설은 현남면 상하월천리에 조성된 임도에서 출발했다고 보아야 할 것이다. 이 임도를 만들 때 오스트리아 빈 대학교 체스노브스키의 지도를 받아 영선측량법, 헤어핀 곡선 배치법을 전수받고 굴삭기, 불도저, 그레이더, 덤프트럭, 진동로라, 출퇴근 지프 등의 장비를 수입해 노폭 4m의 영선시공법과 종단 경사 8%의 임도, 라운드형 노면으로 5%가 되는 횡단경사[43], V형 측구, 약 100~200m 간격의 횡단 배수 시설을 하는 등 알프스의 산악 임도 모델을 도입해 시설했다.

물은 임도의 적이기 때문에 물이 모이지 않고 확산되는 기술을 도입하고, 임도 노면은 물이 스며들지 않도록 차단했다. V형 측구를 도입해 집재·운재용 차량들의 작업 환경을 넓혀주기도 했다.

알프스 산악형 임도는 양양군 현남 현북면 국유림[임도 밀도 약 20m/ha]에 배치했다. 영선 측량에 의한 노망 배치에는 유형진, 임도 시설에는 윤종국이 참여했으며, 기술 지도는 독일 전문가들이 지원했다.

---

43 도로의 직각을 의미한다. 임도의 적인 물 관리 차원에서 매우 중요하며 3~5%를 넘지 않아야 한다.

임도를 시설하고 관리만 잘하면 항구적인 기반 시설이 될 수 있다. 당시 2급형 임도를 직영 사업을 통해 연간 10km씩 시설했으며 전국에 임도를 확대·보급하고 임도 연구를 활성화하는 계기를 마련했다. 최초로 시설된 알프스식 산악 임도는 지금도 현남면 상원천리 실습림에서 훈련생들의 출퇴근길로 이용되고 있다.

임업기계훈련원의 빛과 그림자

독일과의 1차 산림경영협력사업은 양산 통도사에서 시작했고, 2차로 강릉 연곡면에 임업기계훈련원이 문을 열었다. 1974년에 착수해 20년이 지난 1994년 우리 정부에 인계되었고, 산림청은 이를 산림조합중앙회에 위탁한 뒤 오늘에 이르렀다.

독일과의 협력 사업은 사유림 경영과 직업 훈련의 모델이 되기도 했지만, 여러 번 언급한 것처럼 다양한 기술을 보급해 기술 및 제도를 발전시키는 데 음으로 양으로 기여한 바가 크다.

하지만 산림청 직원들에게 단기 또는 장기 장학생으로 독일의 경영 방법을 배울 수 있는 기회를 준 것이야말로 가장 큰 기여가 아닐까 싶다. 이들이 보고 느끼고 배운 것들이 산림 정책이나 산림 경영 기술 실행에 녹아들어갔을 것이다. 독일과의 기술 협력을 통해 얻은 지식과 기술은 크고 많았으나, 이를 우리 현장

20여 년 만에 다시 찾은 임업기계훈련원.
그가 평생을 꿈꿔왔던 '산림의 미래가치경영'

에 접목시키기에는 벽이 너무 두텁고 높았다. 결국 법과 제도 그리고 정치적 힘이 없으면 새로운 도전은 불가능하다.

사유림의 경영 활성화 문제는 10년간의 양산 모델 실험을 통해 가능성을 보여주었음에도 현재는 도로아미타불이 되었다. 선도산림경영단지 사업을 다시 시도하고 있지만, 사유림 경영에 관한 사상과 철학이 없고 경영 전문성도 부족하며, 비합리적인 조직 관리로 인해 정착시키기 어려운 환경에 처해 있다.

직업 훈련의 모델인 임업기계훈련원도 당초 기대했던 것과 달리 전문 직업인으로서 기능 인력을 양성한다는 목적을 포기한 채 숲 가꾸기 작업자 훈련 기관으로 격하되었다. 목재 생산 작업은 여전히 목상들에게 맡겨두는 등 기능 인력 관리도 정체되어 있다.

경영 기반 시설인 임도 사업도 부진하고 임업 기계화 지원 센터의 기능은 유명무실해졌다. 농업경영자대학은 운영되고 있으나, 임업경영자대학은 제도를 만들어주어도 활용하지 못하고 있다.

아쉬운 점은 정부에서 책임을 갖고 추진할 사업들을 왜 산림조합이라는 민간 조직에 위탁하느냐는 것이다. 논리 부족, 정치력 부족, 사회적 힘의 부족 때문일 수도 있다.

그러나 근본적인 문제는 국유림이든 사유림이든 제대로 된 산림 경영은 준비하지 않은 채 현상 유지에만 매달리는 관료 조직에 우리 숲을 맡겨둔 데 있다. 숲에 대한 정치력을 발전시키려면 시민사회가 각성해야 하고, 숲에 대한 경영체계를 세워나가려면 관료들이 깨어나야 한다. 산림 관료들의 자리가 사무실 책상이 아니라 숲 속 나무 등걸일 때 우리 숲에도 희망이 비치게 될 것이다. 20년간의 독일과의 협력 사업을 다시 한 번 돌아보고, 이를 바탕으로 새로운 발전을 기대하면서 1999년 임업기계 훈련원을 인계하고 떠났다.

11장　시민운동가가 된 산림기술자

20세기가 저무는 해에 IMF 여파가 직장에까지 밀려와 나 자신 간벌이 되어 임업기계훈련원을 떠나게 되었다. 이어서 생명의숲에서 시민운동을 할 기회를 얻었다. 시민사회를 통해 숲과 살아가는 새로운 길이 있음을 배워가는 중이다.

엉겁결에 시작한 시민운동

'생명의숲국민운동'[44]이라는 말도 생소하고 어떻게 발족이 되었는지도 모르는 상태에서 기술자로 참가할 기회가 생겼다. 임원들은 모두 생면부지였고, 이름을 들어보면 환경운동과 경제

---

[44] 1998년 설립된 사단법인. 현재는 (사)생명의숲으로 명칭을 변경했다.

운동을 하는 투사들이어서 눈치를 보면서 참여했다. 누구와 어떻게 투쟁해야 할지, 무엇으로 투쟁하는 것인지 궁금할 정도로 사회전社會戰에는 촌놈이었다.

강릉 임업기계훈련원에서 은퇴하기 1년 전 IMF 경제 위기가 찾아왔다. 서울역에는 노숙인이 가득했고 실업자가 100만 명이 넘었다. 정부에서 급히 일자리를 만들기 위해 여러 분야에서 공공근로사업을 추진했는데, 그중 하나가 숲 가꾸기 공공근로사업이다.

1970년부터 20년간 전국적인 산림녹화 사업이 진행된 후 헐벗은 산이 푸른 옷을 입게 되자, 정부도 국민도 숲에 무관심해질 때였다. 돌보지 않은 숲은 콩나물시루처럼 나무로 빽빽했고, 경제적으로도 환경적으로도 가치를 잃어가고 있었다. 인공적으로 조성된 숲은 상황이 더 안 좋았다. 조밀한 30년생 잣나무 숲에 들어가면 바닥에는 햇빛이 들지 않아 풀 한 포기 자라지 않고, 나무 줄기에는 죽은 가지가 무성하고, 초록색 잎을 단 가지는 나무 맨 꼭대기에 겨우 매달려 있었다. 숲을 담당하는 산림청은 힘이 없었다.

이때 1980년대부터 '우리 강산 푸르게 푸르게' 캠페인을 해온 유한킴벌리와 환경단체들이 산림청에 손을 내밀었다. 그리고 대학교수를 비롯해 많은 사회 명사들이 참여해서 1998년 3월 18

일, 사단법인 생명의숲국민운동이 창립되었다. 1973년 치산녹화 10개년 계획이 발표되고 전 국민을 동원해 헐벗은 산에 나무를 심은 지 25년 만에, 다시 숲을 가꾸자는 국민 운동이 시작된 것이다.

이 일은 1997년부터 치밀하게 준비되었다. 학자, 환경운동가, 기업인, 그리고 정부 관료들이 함께 모여서 방치된 숲을 가꾸기 위한 국민적 캠페인을 준비하던 차에, 그해 겨울 IMF 경제 위기가 찾아오면서 '숲도 가꾸고 일자리도 만들어 두 마리 토끼를 잡는 프로젝트'가 시작된 것이다. 그 일이 '숲 가꾸기 공공근로사업'이고, 이 일을 주도한 주체가 '생명의숲국민운동'이다.

조림 이후 방치된 숲을 가꾸려면 논리를 개발할 교수들도 필요하고, 국민들을 설득할 훌륭한 운동가도 필요하고, 정부 예산을 확보할 정치인도 필요하고, 민간 기금을 모을 모금 전문가도 필요했다. 하지만 무엇보다도 20여 년간 방치된 숲을 제대로 가꿀 기술자들과 이들을 교육할 전문가가 필요했다. 강릉에서 20여 년간 산림 노동자와 전문가를 교육해온 노력이 빛을 발하는 것 같았다.

1998년, 강릉 연곡이 갑자기 활기를 띠기 시작했다. 숲 가꾸기 공공근로사업에 참여한 인력 상당수는 폐업된 탄광의 인부들이나 도시의 건설 노동자들이었다. 평생 노동에 숙련된 사람들이라 잘 갖춰진 임업 훈련 시스템에 빠르게 적응할 수 있었다.

1999년, 청춘을 바쳐서 일궈온 임업기계훈련원에서 은퇴했다. 하지만 훈련원에서는 은퇴할 수 있었지만 숲 가꾸기에서는 은퇴할 수 없었다. 산림청이나 산림조합, 산림기술인협회를 위해 자문도 했지만 나를 새롭게 맞이한 곳은 '생명의숲'이라는 시민단체였다.

'생명의숲'이란 시민운동은 실직자를 구제하는 숲 가꾸기 공공근로사업만 하는 곳이 아니다. 1970년대 조림 이후 방치된 우리 숲을 잘 가꾸어 우리와 다음 세대를 위한 생명의 곳간으로 만들자는 사회운동이다.

생명의숲은 1999년부터 산에서 내려와 학교에 숲을 만들기 시작했다. 우리나라 학교 운동장은 일제강점기의 영향으로 군대 연병장을 연상시킨다. 어린 시절 어떤 환경에서 자라는가에 따라 그 사람의 미래가 결정된다. 군대 연병장에서 제식 훈련하는 분위기에서 성장한 아이들과 숲 속에서 자연과 함께 커가는 아이들의 미래는 다를 수밖에 없다.

국민대학교 전영우 교수를 필두로 숲 전문가와 환경교육 전문가들이 모여서 학교 숲 조성 매뉴얼을 만들고 전국적인 지원사업을 시작했다. 처음에 불과 4~5개 학교에서 시작한 운동이 지금은 전국의 수천 개 학교에서 참여하는 운동이 되었다.

생명의숲국민운동의 시작으로 이듬해 우리나라에 처음으로 숲 해설가 교육이 개설되었다. 지역과의 공생·상생을 위한 생태산촌 만들기 모임이 결성되고, 동북아 지역의 사막화를 막기 위한 동북아산림포럼이 만들어졌다. 이후에는 북한의 헐벗은 산에 관심을 갖고, 평화의 숲이라는 단체를 창립했다.

여전히 연료를 땔감에 의존하는 북한은 산지를 개간해 다락밭과 다락논을 만들고 매년 가뭄과 홍수를 겪고 있었다. 북녘 땅을 방문해 양묘장을 만들고 종자와 기술을 지원하면서 우리가 1970년대 경험했던 조림 사업의 오류를 극복하고 최대한 빠른 시간 안에 북한의 산을 녹화하기 위해 노력했다.

하지만 남북의 정치적 갈등은 항상 이 사업을 위험에 처하게 했고, 민간 교류와 경제 협력으로 뚫렸던 판문점이 다시 막히면서 녹색 바람은 멈출 수밖에 없었다. 남과 북이 숲으로 통일되기를 많은 숲 운동가들이 아직도 꿈꾸고 있다.

생명의숲국민운동은 국민과 함께하는 생태환경 운동이자 국민과 함께하는 문화경관 운동이다. 또한 국민과 함께 살아가는 경제사회 운동이다. 숲을 활력 있고 건강하고 안정적으로 자라게 하고, 경제적·사회적으로 가치가 높은 곧고 큰 나무가 많이 자라게 하며, 숲 속에 길을 만들어 국토를 넓게 사용함으로써 국민들이 다양한 생명체와 함께 살아갈 수 있게 하는 사회운동이다.

인류 역사에서 숲은 늘 약탈과 탐욕의 대상이 되어왔다. 숲을 약탈과 탐욕의 대상으로 관리하는 사회는 망하게 마련이고, 현명한 태도로 지속 가능하게 관리하는 사회는 문화와 경제도 부흥한다는 것을 우리는 역사를 통해 잘 알고 있다. 숲이 울창한 나라는 부흥하고, 숲이 사라진 나라는 쇠퇴한다.

시민운동에는 초보였지만 숲 가꾸기를 통해 일자리를 창출하고 전문 인력을 양성하는 데는 나름 전문성을 갖추고 있어서 시민활동가들을 따라다니면서 현장을 모니터링하고 평가하는 데 조금씩 익숙해졌다. 시민단체에서 활동한 지도 상당한 시간이 흘러 이때 함께 다녔던 활동가들은 후에 기관장도 되고 단체 회장도 되고 아기 엄마도 되었다. 하는 일도 기술분과위원장에서 지속가능산림경영위원장을 거쳐, 지금은 공동대표를 맡고 있다.

숲과 사회, 나무와 시민의 공통점

토지에서 자라는 나무들은 종류도 크기도 다양하다. 나무들이 독립적으로 자랄 때는 나무라고 부르고 일정 수준 이상의 군

집을 형성하면 숲이라고 부른다.

나무와 숲의 차이는 군집을 통해 국소 기후를 차이 나게 할 수 있느냐에 달렸다. 예컨대 길가에서 자라는 나무들은 가로수라고 하지 가로숲이라고 하지 않는다. 정원에 나무들이 드물게 서 있으면 정원수라고 하지 정원숲이라고 하지 않는다.

나무와 숲은 이산화탄소와 물, 태양 에너지가 있으면 자라고 물질과 산소를 생산한다. 동물들은 숲에서 생산되는 다양한 물질을 먹고 살아가며, 낙엽과 생물의 사체는 미생물을 분해하면서 이산화탄소를 배출한다.

이들 순환 고리의 정점에 인간이 있다. 미생물 중에는 공기 중의 질소를 흡수해 나무에게 공급하고, 대신 나무로부터 물과 양료를 얻고 살아가는 공생 생물도 있다. 나무와 숲으로 이루어진 생태계도 있고 풀로만 이루어진 생태계도 있지만, 숲은 다양한 생명체가 살아가는 집이고, 나무는 그 구성원에 해당한다.

그래서 나무 심기는 숲을 조성하는 일이고, 숲을 가꾸는 것은 생명을 가꾸는 일이다. 숲을 잘못 가꾸면 숲의 생명력을 잃게 할 수 있다. 예를 들어, 죽은 고목은 새들의 먹이 터가 될 수도 있고 집터가 될 수도 있는데, 숲을 가꾼다는 명목으로 베어버리면 생명을 죽이는 것이나 다름없다.

사람들은 나무를 심어 경관을 만들거나 숲을 만들어서 경제적·사회적 이익을 취하고자 한다.

숲 속 나무들은 인간이 이용하는 시각에 따라 각각의 기능이 있다. 나무를 심을 때는 모두 동일한 조건이 주어지지만 자라면서 우열이 생긴다. 숲 가꾸기의 원리에 따르면 형질이 좋고 우세하게 자라는 나무는 경영 목표가 되어 보호·관리되지만, 그렇지 않은 나무들은 점진적으로 제거된다. 인간에 의해 이용되고 관리되는 숲이 있는가 하면, 자연 그대로 보호되어야 할 숲도 있다.

나무를 관리하는 숲 사회와 인간 사회는 서로 다르기도 하고 비슷하기도 하다. 예컨대, 병든 나무와 장애가 있는 나무들은 베어버리지만 인간 사회에서는 복지 차원에서 보호해야 한다. 숲에 있는 깡패나무와 독재적인 나무들은 숲 사회를 정비하기 위해 베어내지만, 인간 사회에서는 교도소에 보내 사회를 안정시킨다.

요즘 우리 사회는 노령화로 심각한 몸살을 앓고 있다. 숲도 마찬가지다. 다양한 연령대가 함께 성장해야 지속 가능한 숲이 된다. 우리 경제도 대기업만 배불리고 중소기업과 자영업자들이 망하면 결국 전체 경제가 망가질 수밖에 없다. 숲도 마찬가지다. 몇몇 큰 나무가 숲을 지배하면 병충해나 산불에 의해 일순간에 사라질 수 있다. 다양한 종류의 큰 나무, 중간 키 나무, 작은 키

나무와 초본류가 함께 사는 숲을 유지하는 것이 현대 산림 경영의 목표다. 숲 사회를 보면 인간 사회가 보인다.

나무들은 국민 개개인과 같고 숲은 마을이나 도시 사회와 같다. 생명의숲국민운동은 궁극적으로 사회를 건강하게 만드는 시민운동이다. 사회 곳곳을 건강하게 하듯이 물가, 길가, 마을, 산꼭대기까지 건강하고 아름답고 가치 있게 만들어서 숲이 건강해지면 그 지역사회도 건강해질 것이고 이 나라 역시 건강해질 것이다.

숲과 연관된 삶을 살아가는 사람들도 다양하다. 숲을 재산으로 갖고 있는 산주가 있고, 숲에서 일하는 직업인도 있으며, 숲에 의지하며 살아가는 주민들도 있고, 숲에서 휴양과 문화 활동을 하는 일반 국민도 있다.

숲을 이용하는 방식에 따라 숲으로부터 다양한 가치를 얻을 수 있으므로 숲과 관련된 사람들 사이에는 이해관계가 발생한다. 우리는 이들 이해관계를 조정해 조화롭고 합리적으로 숲을 관리해야 한다. 이와 같은 일을 하는 사람들이 숲을 대상으로 하는 직업인들이고 시민단체 활동가들이다.

숲을 관리하는 사람들은 숲과 관련된 사람들과 소통할 수 있어야 하며 숲 관리에 참여시키거나 동의를 얻어야 한다.

숲을 소유한 산주는 국가와 단체, 개인으로 구분할 수 있다.

개인 산주는 국가에 세금을 지불하고 숲의 재산상 소유권을 갖는다. 개인 산주들이 숲을 보유하는 목적은 저마다 다를 수 있다. 자본주의 사회에서는 재산 관리와 소득 관리를 무시해서는 안 된다. 국가와 사회 차원에서는 산지로부터 임산물을 생산해 연관 산업과 지역 발전에 기여하고, 동시에 국민들의 일터로 개발해나갈 의무가 있다.

주민들은 연료와 산채와 약초를 채취해 생활에 도움을 얻고자 할 것이다. 산사태와 홍수 등으로부터 마을과 재산을 보호하기 위해 산지와 산림의 과도한 훼손을 막으려 하는 권리도 인정해야 한다. 또한 숲길을 따라 등산과 휴식을 즐기고 풍경을 즐길 수 있도록 산주와 정부에 요청할 수 있어야 한다.

숲과 관련된 사람들이 서로 돕고 살아가려면 정의로운 생각과 뜨거운 마음으로 서로 소통하고 참여하는 자세가 필요하다. 그 결과는 아름다운 한국, 그리고 국민들이 살아가는 아름다운 땅이 될 것이다. 이렇게 되어야 숲이 생명력을 유지하고 순환하며 지속적인 공간으로써 오래 지속될 것이다.

이것이 생명의숲 활동가들이 할 일이고, 산림 관련 직업인들이 할 일이며, 국민 모두가 할 일이다. 생명의숲 활동가들은 생명을 지키는 리더들이다. 보다 많은 생명의숲 리더들이 활동할 수 있는 세상을 만들고 싶다.

아름다운 숲을 찾아서

숲은 그 자체로 아름답다. 다양한 생명체가 살아가는 모습도 아름답고, 숲 속에서 삶을 함께하는 인간들의 모습도 아름답다. 물소리, 새소리, 바람소리 등 자연의 소리도 아름답고, 사시사철 변하는 풍경도 아름답다.

숲 가꾸기 공공근로가 한창이던 20세기의 마지막을 끝으로, 직업인으로서 18년간 강릉살이를 끝내고 가족들 곁으로 돌아왔다. 동시에 생명의숲에서 비록 부분적이지만 시민활동에 참여하면서 숲의 생명과 아름다움의 가치를 접하는 행운을 누렸다. 삶의 초반 1/3은 공부로 보내고, 중반 1/3는 기술 습득으로 보내면서 숲과의 인연이 다하는 것으로 알았는데, 다행히 생명의숲에 참여하면서 숲과 생명, 숲과 아름다움, 숲과 인간 등 숲의 인문학적 가치를 만나 숲과의 생활을 승화시킬 수 있었다.

생명의숲이라는 시민단체를 만든 것도 놀라운 일이었으나, 삭막한 학교 운동장에 학교 숲을 만들고 영종도 허허벌판에 세계평화의 숲을, 한강변 모래밭에 서울숲 공원을 조성하면서 산에만 갇혀 있던 생각의 폭을 넓힐 기회를 얻었다. 세상에는 아름다운 사람들이 많다는 것을 서울살이를 다시 하면서 알았다.

생각도 진화하나 보다. 특히, 전국에 있는 아름다운 숲을 선정하는 일원으로 참여하면서 전국 곳곳에 흩어져 있는 거리 숲, 마을 숲, 학교 숲, 종교문화의 숲, 생태 숲을 발굴하고 보존하는 일을 하면서 깜짝 놀랐다. 우리 나라가 이렇게 아름다운 곳인가 하고 말이다.

정다산이 걸었던 강진 초당길, "찔레꽃 붉게 피는~"이라고 노래한 여가수의 고향에 있는 제주 팽나무 수변 숲, 가거도의 난대상록수림, 굴업도의 활엽수림 등은 아름다운 숲에 선정된 대표적인 숲들이다.

아름다운 숲은 단지 경관이 좋은 숲이 아니라 보호가 잘 된 숲이다. 그곳에 사는 주민들의 마음이 아름다워 아름다운 숲으로 선정된 것이다. 아름다운 학교 숲은 그곳을 거쳐간 교사들과 학생들의 정성이 남아 있어 아름다운 숲으로 선정되었다. 다산 선생이 걸었던 백련사 가는 길은 애틋한 역사가 있어서 아름다운 숲길로 선정되었다. 역사 속의 이야기가 있는 숲, 노래와 시가 있는 숲, 철학과 종교가 있는 숲, 희귀한 생명체들이 살아가는 숲 등이 모두 아름다운 숲이다.

아름다운 숲은 계속 찾아내고 보호하고 가꾸고 이용하면서 이 땅에 영원히 남겨야 할 대상이다. 이는 문화운동이고 생명운동이다. 전국 방방곡곡에 아름다운 숲이 퍼져나갈 때까지 아름다운 숲 찾기는 계속되어야 한다.

DMZ를 넘어 북한에서도 아름다운 숲을 찾아 보존할 길을 찾아야 한다. 어쩌면 고구려가 있었던 만주 땅에도 우리 문화가 있는 숲이 남아 있을지 모르겠다.

IMF가 가져온 숲 가꾸기 모니터링

20세기 말, IMF 위기로 발생한 대량 실업 사태에 국가 사업의 일환으로 전국적으로 대대적인 숲 가꾸기 사업이 전개되었다. 생명의숲국민운동은 국민들에게 일터를 제공하는 사회운동으로 시작되었고, 나는 기술 지원 자격으로 이 운동에 참여하면서 전국의 일터를 살펴보았다. 급히 추진하다 보니 문제가 심각했다.

숲 가꾸기란 심은 나무를 수확해 이용하는 과정에서 잘 자랄 수 있게 관리하는 것이다. 마치 인간의 일생이 유년기, 소년기, 청년기, 장년기, 노년기로 구분되고 각 시기마다 사회적 활동이 다르듯이 숲 가꾸기 사업도 시기마다 달라지게 마련이다. 기본적으로 숲이 안정되고 활력이 있고 건강하게 자랄 수 있고, 이용도를 높이기 위해 형질을 개선해 가치 있는 목재를 생산하게 하는 것이 숲 가꾸기의 목적이다. 즉, 숲의 생태적 역할과 경제적 역할이 균형을 이루도록 관리하는 것이다.

숲을 가꾸려면 나무가 자라는 단계별로 관리 목적이 있어야 한다. 유년기인 조림지에서는 잡초목과의 경쟁에서 이기는 것을 목표로 숲 가꾸기를 해야 한다. 나무의 키가 2~4m까지일 때 어린나무라고 부르고, 어린나무를 가꿀 때는 폭목이나 잡목 또는 형질불량목만 제거해 조림된 나무가 공평하게 자랄 수 있게 해야 한다.

나무의 키가 4~10m이면 청소년기에 해당된다. 이 시기에는 경쟁이 치열하고 우열이 나타나며 밀도가 과밀해져 숲의 안정성을 잃을 수 있고 활력이 떨어진다. 따라서 이때는 밀도를 조절해야 한다.

나무의 키가 10m를 넘으면 흉고직경은 10cm가 넘는다. 목재로도 이용할 수 있는 시기다. 인간으로 치면 청년기에 해당한다. 이때는 빽빽한 숲을 솎아내어 안정되고 활력이 있으며 건강한 숲이 되게 해야 한다. 우량한 나무를 선정해 잘 자라도록 유도하고 직경 성장을 촉진해야 한다.

2차, 3차 간벌을 계속 하면서 직경이 성장하도록 관리하되, 마지막 간벌은 마치 인간의 정년퇴직 시기와 같아서 이 간벌을 끝으로 더 이상 간벌은 하지 않는다. 남은 기간은 인간의 노년기와 같다. 마지막 간벌 시기는 벌기령의 2/3 시점이 되게 해 남은 기간 성숙할 수 있는 기회를 준다.

이런 목적을 잘 모르고 숲 가꾸기를 하는 곳도 있고, 양심이

나빠서 적당히 작업하고 작업비를 받아가는 곳도 있으며, 오히려 숲을 망치는 곳도 있다. 이를 바르게 유도하기 위해 숲 가꾸기 모니터링을 다녔다. 1년 동안 승용차로 전국을 돌면서 숲 가꾸기 현장을 누볐다. 모니터링 보고서는 곧바로 산림청으로 보냈고, 산림청에서는 각 시군 담당자에게 시정 명령을 내렸다. 암행감찰사도 아니지만 이렇게라도 하지 않으면 현장의 고질적인 병폐가 사라지지 않을 것이라 보았기 때문에 일선 공무원과 산림조합 직원들에게 욕을 먹어가면서도 꾸준히 진행했다.

지금은 모든 산림 사업에 대한 모니터링으로 확대되었다. 이 모니터링의 결과로 숲 가꾸기에도 설계가 필요하다는 주장을 할 수 있었고, 이후 산림 사업에 대한 설계 제도가 마련되었다.

그럼에도 불구하고 숲 가꾸기 사업에는 앞서 지적한 문제들이 그대로 남아 있다. 근본적으로 산림 경영 현장에 경영 관리를 책임지는 주체가 없기 때문이 아닐까 싶다. 국유림이야 정부가 직접 관리하고 책임진다고 하지만, 문제는 사유림이다. 공익적인 목적이 더 큰 산림 관리의 책임을 산주 개인에게 물을 수는 없다.

공공의 이익을 위해 국가와 사회가 주체가 되어 '책임감 있고 전문적인 기술을 가진 관리자'를 배치해주어야 숲 가꾸기 사업이 정상화될 수 있다. 모니터링을 통해 문제점을 밝히고 해결책을 제시해주어도 이를 책임지고 관리할 주체가 없다면 허공에 대고 소리친 것과 다를 바가 없지 않을까.

산림기술인협회를 창립하다

정책 결정자들이 올바른 철학과 가치관을 가져야 우리 국민들이 숲으로부터 지속적으로 혜택을 누릴 수 있다. 그러나 무엇보다 숲을 숲답게, 산을 산답게 가꾸는 사람은 현장에 있는 기술자들이다.

산림기능장 제도는 아쉽게도 명맥이 끊어졌지만, 산림기술사 제도는 계속 유지되고 있다. 1998년부터 시작된 숲 가꾸기 공공근로사업의 여러 문제점 중 가장 심각한 것은 계획이 없다는 점이다. A4 한두 장으로 된 숲 가꾸기 행정계획서가 전부였다. 현장에서 지속적인 모니터링을 해보아도 지적하면 돌아오는 것은 욕이지 변화가 아니었다.

수십 년 살아갈 집도 설계도면이 없으면 지을 수 없는데, 하물며 백년대계를 끌고 가야 할 숲을 계획도 없이 좋게 가꿀 수 있겠는가? 그래서 숲 가꾸기 설계 제도를 도입하자고 산림청을 설득했다. 나중에는 조림을 포함해 산림 분야 모든 작업의 설계 제도를 강화하는 계기가 되었다. 동시에 이 설계를 해낼 수 있는 전문가들을 키워내기로 했다. 그 결과로 만들어진 것이 산림기술인협회다.

그런데 숲 가꾸기 사업이 전국적으로 지속되고 숲 가꾸기 설계의 제도화로 전문가들이 먹고 살 일이 만들어지니 산림기술사사무소가 난립했다. 그러다 보니 기술 수준도 서로 다르고 현장에서의 역량도 떨어질 수밖에 없었다. 문제를 해결하기 위해 몇몇 기술사가 기술사의 역량 강화를 위해 산림기술인협회를 창립했다. 초대 사무국장은 해외 산림 개발 사업을 오래 한 경험이 있는 이임영 기술사가 맡았고, 얼떨결에 내가 회장이 되었다. 현장 경험은 일천하고 자격증만 가진 기술사들에게 3년 동안 현장을 돌면서 지난 30년의 경험과 철학을 전수해주고 싶었다. 기술인협회가 본격적으로 활동을 시작한 것은 충분히 실력을 쌓고 난 3년 후부터다.

수십 년간 우리 숲의 현장 기술 발전을 위해 노력해왔지만, 나는 산림 정책에서는 늘 변방에 있었다. 산림청과 산림조합 그리고 대학 교수들이 대한민국 산림 정책에 중심에 있었고, 나는 항상 기술자들과 현장에, 변방에 있었다.

숲 가꾸기에 대한 내 생각이 많은 기술인과 정책 결정자들, 그리고 시민사회에 영향을 줬지만 한계도 분명했다. 기술사들을 교육해서 어느 정도 숙련될 무렵, 산림청의 한 간부가 숲 가꾸기 현장을 방문하면서 문제가 발생했다. 전통적인 숲 가꾸기는 밑깎이라 하여 건강한 조림목을 제외한 하층 나무를 모두 베는 식이었다. 반면 우리가 주창한 방법은 미래목을 잘 선정해 미래목과 경쟁하는 나무만 제거해 큰 나무 숲으로 유도하는 것이다. 하층목을 모두 제거하는 것은 비용도 많이 들 뿐 아니라 숲의 다양성을 해쳐 생태적 가치를 떨어뜨리기 때문이다.

이 작업은 표시가 잘 나지 않는 것이 문제다. 아직도 많은 정부 관료가 숲 바닥을 훤하게 드러내는 밑깎이를 해야 작업을 잘했다고 평가한다. 단기적이고 외형적인 실적을 중시하는 문화와 비전문적인 감사제도 때문에 이런 문제가 발생한다. 이 사건으로 인해 몇 년 동안 쌓아온 숲 가꾸기 기술과 철학이 현장에서 사라지고 있다. 참으로 안타까운 일이다. 독일이나 일본에서는 당연한 숲 가꾸기 철학과 기술이 우리나라 정책과 현장에 자연스럽게 녹아들 날은 과연 언제일까?

술과 담배와 낚시를 좋아하던 내게 어느 날 큰 위기가 닥쳐왔다. 어느 때처럼 이임영 국장과 장흥댐 산림 유역 조사를 다니고 장흥 읍내로 와서 여관에 머물렀다. 그날도 늘 그렇듯이 소맥을 곁들인 저녁을 먹고 휴식을 취하던 중 갑자기 가슴이 찢어질 것

숲은 실적을 원하지 않는다. 부산 성지곡수원지 편백숲

같은 통증이 물려왔다. 운명이었던지 함께 있던 이임영 기술사는 그날 낮에 강진에서 택시 운전을 하는 내 남동생과 장흥에서 경찰서장을 하는 처남을 만났었고 연락처를 받아두었다. 긴급하게 병원으로 갔지만 지역의 작은 병원에서는 치료를 할 수 없어서 광주에 있는 큰 병원으로 향했다. 경찰서장 처남의 도움으로 광주 조선대병원 응급실에 도착했다. 1분 1초가 안타까운 시간이 지나고 죽음의 문턱에서 다시 이승으로 돌아왔다. 심근경색이었다.

만약 그날 함께 있던 이임영 기술사가 내 동생들을 만나지 않았더라면, 연락처를 받아두지 않았더라면, 시골의 작은 병원에서 장례를 치렀을지도 모른다. 운명이다. 아직은 우리 숲에 남아 더 많은 후배들에게 경험과 철학을 남기고 가야 할 운명. 지금은 담배는 끊었지만 그래도 식사할 때 소맥 두세 잔은 즐길 정도로 건강을 회복했다. 젊은이들 같지는 않지만 산림 조사에 함께 나서기도 한다.

12장　　　　　　　　　　이루지 못한 꿈

첫 번째 아쉬움, 산림개발공사의 부재

연간 임도 10km를 시공할 때 직영 사업으로 하면 장비 4대, 전업 기술자 다섯 명을 연간 고용할 수 있고 일반 노동 인력도 여럿 고용하는 일터가 될 수 있다. 한국의 총 산림 면적 643만 헥타르 중 국립공원 같은 보호지역을 제외하고 500만 헥타르를 정상적으로 경영하고, 이를 위해 임도 밀도 20m/ha를 달성할 경우 연간 1,000km씩 시공하더라도 100년이 걸린다. 전국에 100개 팀을 구성할 수 있고 장비 소요량도 상당해 토공 장비업체 육성도 가능할 것이라 본다.

이러한 셈을 하다 보니 산림개발공사를 설립해 산림 경영 기반을 조성하는 동시에 목재 생산 기계화 사업도 전담할 수 있다는 생각이 들어 정부에 산림공사 설립 운영을 제안했다. 그러나 산림조합중앙회에 산림개발부라는 부서로 축소 설치되는 것을 보고 아쉬울 수밖에 없었다.

이를 계기로 임도 설계 시공 사업이 급격히 확대되고 토목공학과 출신이 임업계에 들어오는 기회가 주어졌다. 당시 채용 인력들이 현재 중견 간부로 활동하고 있다.

한때 임도 시설 규모가 1,500km까지 늘어남에 따라 산림조합중앙회뿐만 아니라 시군 조합까지 참여하면서 임도 시공의 열풍이 불었다. 그러나 부실한 임도가 생기면서 여름철 장마와 폭우에 임도가 붕괴되고 산사태가 발생해 시민들의 반대에 부딪히게 되었다. 이 때문에 다시 산림 개발은 위축될 수밖에 없었다.

산림개발공사와 같은 체계적이고 공적인 시스템을 만들지 않고 무리하게 추진하다 보니, 임도에 대한 나쁜 시각만 키운 게 아닌가 싶다. 당시에 산림개발공사와 같은 전문 기관을 두고 임도망의 배치와 기술력, 적정 장비 확보를 통해 체계적이고 과학적으로 추진했다면 얼마나 좋았을까? 농업진흥공사가 농업 기반 조성에 기여하듯이 임업 경영 기반 조성에 기여할 수 있었을 텐데 하는 아쉬움이 남는다.

만일 1980년대부터 무리하지 않고 전문 기관을 통해 연간

1,000km씩 계속 시공하고 관리했다면 임도 밀도는 현재 7m/ha 가 되어 있을 것이다. 또한 임업 기계화 생산의 기반이 되어 목재 공급량을 늘릴 수 있었을 텐데, 아직도 우리는 20세기를 벗어나지 못하고 있다. 임도 열풍이 사라진 원인이 환경단체의 반대 때문이라고 주장하는 이들도 있지만, 나눠먹기식 사업 추진과 부실 시공에서 근본적인 원인을 찾아야 한다.

현재 우리 숲의 나이는 평균 40년생으로 수확과 간벌의 시기에 와 있다. 산림을 개발하고 경영 기반을 마련하는 등 정상적인 산림 경영을 하자고 주장하는 것이 때 늦은 감이 없지 않지만, 지금이라도 산림 경영 기반 시설을 위한 공공조직을 출발시키는 게 옳다고 본다.

두 번째 아쉬움, 임업기계화지원센터의 실패

영림기능인들이 목재 수확의 기술자들이 될 수 있게 2년간 직업 훈련을 시켜서 내보내고 임도 시설을 확대해왔음에도 목재 수확은 목상들에 의해 재래식으로 진행되고 있다. 이는 입목立木으로 목상에게 매각하는 관행 때문일 것이다. 생산 작업 방식은 대부분 6자의 단재로 절단해 숲 속에 던져버리는, 소위 '산털이' 방식이다. 이 방식은 전간재, 장재, 전목 생산 방식에 비해 작업 능률이 떨어지고, 남아 있는 숲에 피해가 생기며, 운재로 시설

밀도가 높아 생산비도 많이 든다.

굴삭기를 이용한 집재 방식은 작업 위험과 표토 침식 위험이 클 뿐 아니라 단재용 집재 방식은 원목의 가치를 떨어뜨릴 수밖에 없어, 구시대적인 방식인데도 지금까지 널리 통용되고 있다.

이러한 문제를 타개하기 위해 현대적인 기계화 생산 방식을 도입하고 훈련된 기능인들의 고용을 늘릴 수 있도록 임업기계화지원센터를 설립하자고 제안했다. 독일도 고가 장비를 이용한 작업은 투자비가 많이 들기 때문에 민간에 맡기지 않고 임업기계지원센터에서 담당하고 있다는 사실에서 착안했다. 독일에 비해 한참 늦었으니 우리도 당연히 정부가 주도하는 임업기계화지원센터가 필요할 것이라 믿었다.

임업기계훈련원에서 도입한 장비는 트렉터를 이용하는 그라운드 스키더Ground Skidder, 오스트리아 콜라Kollar 사의 K300 케이블 스키더Cable Skidder, 플라스틱 롱 라인Plastic Log Line, 소형 윈치 등 당시 알프스 산악지대에서 사용하던 것들이었다. 임업기계화지원센터를 설립해 이런 장비를 활용하자고 제안했지만, 정부에서는 국유림 관리소도 아닌 산림조합에 운영을 맡기고 말았다. 당시 5개 산림조합에서 이 일을 맡았으나 장비와 시스템 그리고 2년간의 오퍼레이터 운영비만 받은 채 진전되지 않았고 지금은 명목만 유지하고 있다.

임업기계화지원센터의 설립과 운영은 노동 생산성을 높여 임업의 국제 경쟁력과 산업 경쟁력을 키워야 할 정부의 역할 중 하나다. 장비만 구입한다고 모든 문제가 해결되는 것이 아니라 장비에 걸맞은 생산 작업 시스템과 공정을 개발하고, 작업 현장에 맞는 장비를 선택하고 투입 가능한 기술력을 확보하도록 산림 경영을 발전시켜야 하는데도 도대체 무엇을 하고 있는지 이해가 되지 않는다.

스웨덴 자료를 보니, 1950년대 산림 노동 생산성이 1.5 m^3에 불과했으나 2000년에는 1인당 10 m^3을 넘어선 데 비해 우리는 아직도 1960~1970년대 수준에 머물러 있으니 답답한 일이다. 농업을 지켜나가기 위해 다양한 지원책이 필요하듯이 임업을 진흥시키기 위해서는 정부의 다양한 지원 정책이 필요하다.

임업의 경쟁력을 높이려면 각 지역의 국유림 관리소가 기계화지원센터를 설립해 경영 지원을 할 수 있게 제도를 개선하고 시스템을 갖추어야 한다. 힘든 일은 민간에 맡기고 생색나는 일에만 매달린다면, 우리 임업의 미래는 기대할 수 없을 것이다.

만일 임업기계화지원센터를 민간에 맡길 경우 공무원에 준하는 임금 혜택을 받도록 해야 한다. 그렇지 않고 스스로 소득을 얻어 경영하도록 방임하는 것은 어린이를 황야에 내보내고 스스로 살아가라고 하는 것과 같다. 스스로 싸울 수 있을 때까지

키운 다음에 내보내야 한다. 비록 과거에 실패했지만 다시 한 번 임업기계화지원센터의 설립·운영을 제안하고 싶다. 임업 노동 생산성을 증대하고 젊은이들에게 새로운 일자리를 제공하고 산촌과 임업 진흥에 기여하는 수단이 될 수 있으므로 미래 정책으로 다시 추진할 것을 촉구한다.

세 번째 아쉬움, 설립되지 못한 산림경영자학교

산림 경영을 정상적으로 추진하려면 세 가지 계층의 전문 인력이 있어야 한다. 산림의 다양한 가치를 유지시키는 산림 경영 계획 관리자급, 산림과 노동, 장비를 관리해 경영 목적을 담당하는 기술자급, 그리고 노동력을 통해 산림 작업을 담당하는 기능자급 인력이다.

직업 훈련을 통해 기능인을 양성했으나 산림 상태를 진단하고 노동력과 장비를 투입해 작업을 관리하는 산림 기술자급이 양성되지 않아서 현장에서 기능인과 기술자 간에 갈등이 많다는 소식을 접했다. 그래서 전국 산림 공무원과 산림조합 지도원을 대상으로 산림경영자과정을 2주씩 두 개 과정을 개설했다. 숲을 보는 눈, 기계와 기구를 사용하는 능력, 작업 방법과 공정 등을 가르쳐서 작업 계획을 수립하고 관리할 수 있도록 과정을 운영했다.

이러한 과정에 김영삼 정부 시절 최양부 농림수석이 내원해 현장 조사를 하면서 산림 경영자들에 의한 산림 경영의 가능성을 읽고 농림수산 분야별 경영대학 설립을 법제화한 바 있다. 그러나 농업 분야는 수원에 농업경영자대학을 설립했으나, 임업 분야는 추진력이 약해 설립하지 못하고 대신 산림경영자훈련 과정으로 축소해 현재에 이르고 있다.

독일에는 산림전문관을 양성하는 전문대학이 있다. 이 학교를 졸업하면 약 1,000헥타르의 산림을 전담 경영하는 기술자이면서 하급 공무원 신분을 갖는 경영자가 된다. 한국에서 산림 경영자를 위한 대학을 설립하고 전문 임업인 자격을 갖추어 산림 경영을 담당하게 하는 제도를 발전시켰다면 사유림 경영이 현재와 같이 침체되지는 않았을 것이다.

아직도 산림과 임업 경영을 위한 전문 인력이 양성되지 못하고 있는 것은 아쉬운 일이다. 산림, 임업 교육의 효율성과 전문성을 높여나가기 위해서는 인력 양성 체계를 합리화시켜야 한다. 대학만 많고 석박사만 넘쳐나면 무슨 소용이 있겠는가?

산림 기능인을 양성하는 기능직업학교 수준의 교육기관, 경영자급을 양성하는 기술직업학교 수준의 교육기관, 그리고 경영 계획 및 관리를 담당하는 교육기관을 설립해 직업에 맞는 교육이 이루어지도록 체계를 갖추어야 한다. 현재 임업기계훈련원에서 운영하는 산림경영자과정을 산림 경영인 양성 전문기관으로 발전시키는 방안을 찾아 산림 경영 시대에 알맞은 전문 경영인을 공급하는 시스템을 만들 때다.

13장　한독, 한몽을 넘어 남북산림기구를 꿈꾸며

일흔이 되어서야 몽골의 사막을 보았다. 한국인과는 피가 섞여 유난히 가깝게 느껴지는 나라. 한때는 세계를 호령하는 제국을 건설했지만, 칭기즈 칸이 뛰어놀던 그 넓은 초원은 사라지고 끝없는 사막이 펼쳐지는 곳이다.

칭기즈 칸이 사랑했던 초원은 구소련과 러시아의 간섭으로 사라지고 말았다. 러시아는 더 많은 우유를 얻기 위해 몽골인들에게 더 많은 소와 양떼를 키우게 했다. 몽골은 전통적으로 지속 가능한 목축업을 해왔다. 사막의 목축 공동체는 방목으로 한번 훼손된 초지는 복원될 때까지 돌아오지 않았다. 그런데 러시아인이 몽골에 가전제품을 팔면서 더 많은 우유와 고기를 수출할 것을 강요함으로써 지속 가능한 방목 시스템이 망가지고 말았다. 몽골의 초원이 사막으로 바뀌기까지 채 수십 년이 걸리지 않았다. 몽골과 중국의 사막화는 봄마다 우리나라를 찾아오는 황사의 원인이다. 몽골의 사막화를 막기 위해 한국의 시민사회와 정부가 나서기 시작했다.

시민사회가 먼저 나섰다. 1999년 동북아산림포럼이 만들어지고 1970~1980년대 풍부한 산림녹화 경험과 노하우를 가진 전문가, 생명의숲 같은 숲·환경단체, 오랫동안 '우리강산 푸르게 푸르게' 캠페인을 전개해온 유한킴벌리 같은 기업이 함께 참여해 몽골 녹화 운동을 시작했다.

몽골 정부는 사막화 방지를 위해 2005년부터 2035년까지 몽골 고비지대와 스텝지를 동서로 잇는 3,700km의 그린벨트 조성 계획을 발표했다. 마치 한국이 1970년 치산녹화 10개년 계획을 발표했듯이 말이다.

1970년대 한국을 도왔던 국가는 독일이었고, 2000년대 몽골을 돕는 나라는 한국이다. 2007년부터 한국 정부와 몽골 정부가 공동으로 한몽그린벨트 조림사업단을 설립했다. 2007년부터 그동안 조림한 면적은 3,000헥타르에 달한다. 독일이 1990년대에 한국에서 책무를 다하고 떠나며 인수인계했듯이, 한국도 몽골 정부와 국민들에게 인수인계를 준비하고 있다.

어쩌면 지금 몽골에는 독일의 지원이 적절하지 않을 수 있다.

252

오히려 1970년대 한국이 겪었던 경험과 기술이 절실할지도 모르겠다. 양산기술훈련원장을 지내고 나와 함께 초기부터 한독사업을 꾸려왔던 김종관 박사는 1년간 전문가로 파견되어 활동했다. 나도 몇 차례 전문가로 초대되어 시민사회와 우리 정부의 한몽그린벨트조림사업단을 지원했다.

"몽골에 조성한 숲이 걱정이에요. 우리가 떠나면 아무도 돌보지 않을까 걱정입니다. 그래서 제가 양산과 울산에서 했던 협업경영 시스템을 몽골에 심어주고 오려고 했어요. 주민들이 관심을 가져야 조림 사업은 성공할 수 있습니다. 독일인이 했듯이 우리도 '교육훈련 시스템'을 남겨두고 와야 해요. 지금 우리 전문가들이 열심히 관리 매뉴얼을 만들고 기술을 전수하고 있지만, 독일이 우리에게 했던 것처럼 체계적이지 못한 것 같아 안타깝습니다." 김종관 박사의 말이다.

몽골이나 북한은 잘만 하면 오히려 우리보다 산림 경영 미래가 밝을지도 모른다. 우리처럼 산지 소유권이 개인에게 있지 않고 국가와 공동체에 있기 때문이다. 바이칼 호수 주변의 숲을 보아도 몽골의 숲은 잠재력이 크다. 온도도 적절하고 햇볕도 풍부하다. 문제는 물이다. 물을 어떻게 지속적으로 확보하고 좋은 수종을 선택할 것인가에 달려 있다. 인력도 우수하고 좋은 품종도 가지고 있다. 1년에 1.5m씩 자라는 포플러 나무가 이를 증명

한다.

1970대부터 40년 넘게 한국의 조림과 산림 경영에 청춘을 바쳐온 안목으로 몽골의 조림 사업이 성공할 것이라 믿는다. 다만, 1990년대 이후 급격하게 산림 관리 체계가 무너지고 1998년 숲 가꾸기 공공근로사업을 할 수밖에 없었던 우리의 경험을 반복하지 말아야 할 것이다.

이제 머지않아 몽골에서 한몽사업단이 돌아온다. 하지만 우리에게는 몽골의 산림녹화보다 더 중요한 일이 기다리고 있다. 평생 꿈꾸던 일. 헐벗은 북한의 산지를 복원하고 싶다. 한반도 남쪽에서 했던 성공적인 녹화 경험과 아직 성공하지 못한 산림 경영 경험을 바탕으로 남북산림경영협력사업단을 만들 날을 꿈꾼다. 우리 나이로 일흔여덟이 되었지만, 마음만큼은 한독사업을 처음 시작하던 30대 그대로다.

한반도 남쪽에서 부는 녹색바람이 북한의 황폐한 산지를 복원하고 모래땅으로 변한 실크로드에 불어 닥치는 '그린 실크로드' 사업을 꿈꾼다. 내게 생이 좀 더 주어진다면 숲이 사라진 자리에 나무를 심고 싶다.

**숲의
뒤안길**

1세대 산림 경영의
현장을 찾아서

수서에서 SRT를 타고 울산에 도착했다. 마중 나온 소호마을 김수환 씨와 마상규 박사, 유영민 처장을 만나서 처음 그곳으로 향했다. 울산역에서 30분 정도 지방도를 따라 달리다가 임도를 넘어서 내와마을에 도착했다.

이곳은 한독산림경영단이 처음으로 양산에 터를 잡고 사유림 경영을 시도한 곳이다. 영남 알프스의 시작 또는 끝 지점인 이곳은 깊은 산골이지만 들이 넓고 오래된 시골집이 곳곳에 펼쳐져 있다.

이곳에서 우리는 선각자를 찾았다. 이 마을에 몇 안 되는 산주이자 영림단원이기도 한 우송죽 선생이다. 1970년대 후반부터 지금까지 산주들의 협업 경영을 위해 포기하지 않고 끈질기게 매달려온 분이다. 이름도 소나무 송松에 대나무 죽竹 자를 쓴다 하니, 팔자에 숲을 떠날 수 없는 분인가 보다. 허름한 시골집에는 놀랍게도 40년이 넘는 역사가 고스란히 남아 있었다. 1978년도 조림 사업 관련 산주들의 동의서와 통장, 독일인이 작성한 최초의 산림 경영 계획서까지 모두 보관하고 있었다. 훗날 이 자료는 우리나라 민유림 산림 경영의 보물이 될 것이다.

"이곳 내와에 있는 1,600헥타르의 숲은 내 손을 다 거쳐갔어요. 그때는 리기테다를 많이 심었는데, 어떤 데는 1만 본[45]까지 심었죠. 산주들이 처음에는 다들 시큰둥했지만 뭐 정부에서 강제로 부역을 시키면 안 나갈 수가 없었어요. 그렇게 시작했죠.

하지만 김종관 박사가 산주들을 만나면서 포기하지 않고 계속하니까 정말 해볼 만한 거예요. 우리나라가 치산녹화를 잘해야 국민들이 잘살 수 있다고 설득했죠. 또 독일처럼 산림을 잘 가꾼 나라가 본보기가 되었고요.

아무튼 교육이 중요해요. 시골 촌사람들도 교육을 하니까 생각이 바뀌더라고요. 그때는 이 동네에 산주가 많았어요. 지금은 60%는 나가고, 얼마 남지 않았지요. 나는 산주가 산을 가꾸는 게 중요하다고 생각해요. 요즘은 숲 가꾸기 공공근로사업이다

---

45 1헥타르당 보통 3,000그루를 심는데 빠른 수고 성장을 위해 1만 그루를 심었다.

울주군 상북면 내와리에서 최초의 사유림 협업경영체 회장을 역임한
우송죽 님이 40년 가꿔온 리기테다나무를 끌어안고 있다.

숲 가꾸기 법인이다 뭐다 하지만, 다 자기 산이 아니니 정성들여
가꾸질 않아요. 산을 다 망가뜨리고 있어요. 이게 내 산이면 이
렇게 가꾸겠어요? 요즘 하는 짓들 보면 얼마나 화가 나는지….”
우송죽 씨의 말이다.

  한독산림경영단은 울주군 일대에 4개의 민유림 산주 협동 경
영을 시도했다. 그중 하나가 바로 내와 협업산림경영[46]단이다.

<hr />

[46] 산림을 독자적으로 경영할 수 없는 산주들이 협업체를 만
들어 경영에 참여하는 방식. 우리나라처럼 산주 1인당 소유
면적이 적은 나라일수록 이러한 경영 방식이 필요하다.

민둥산에 땔감도 귀하던 시절에 조림을 하고 숲을 관리하는 일은 여간 힘든 게 아니었다. 당장 난방이나 요리할 땔감도 없는데 주민들을 동원해서 조림을 하기가 어디 쉽겠는가.

지금이야 말도 안 되는 일이지만, 당시에는 정부가 무소불위로 밀어붙이면서 일을 추진했다. 1970년대 시골에서 가장 무서워하던 사람이 경찰, 세무사, 그리고 산림간수였다. 1970년 치산녹화 10개년 계획을 세우면서 산림에서 연료 채취를 금지했는데, 아직은 나무로 난방을 하던 터라 몰래 어기는 사람이 많았다. 정부에서 이런 약점을 활용해서 벌금이나 징역 대신 주민들을 조림 사업에 강제 동원했다. 어찌되었든 그 결과 우리 국토의 2/3인 산지가 오늘날과 같이 푸른 숲이 되었다.

다른 지역과 달리 산주들의 협동 경영이 이루어진 이곳 내와 마을의 숲은 매우 체계적으로 관리되어왔다. 전국 최초로 산림 경영을 위한 임도도 만들고 어린나무 가꾸기와 간벌도 계속했다. 정부 지원도 체계적으로 받았고, 나무가 성장하면서 산주들에게 일정한 수익도 돌아갔다.

하지만 1990년대 들어 산림청에서 직접 운영하던 민유림 협업 경영을 산림조합에 위임하면서 쇠퇴하기 시작했고, 최근에는 명맥만 유지하게 되었다고 한다.

"이제 우리가 심은 리기테다소나무도 많이 자라서 제대로 간

벌도 하고 수확도 할 수 있는데, 협업 경영체도 흐지부지되고 산
주들도 대부분 늙고 힘이 없어서 제대로 할 수가 없으니 안타
깝죠. 요즘 사람들은 숲을 제대로 가꿀 줄 몰라요. 서류는 고치
면 되지만 나무는 생명이라 한번 잘못하면 끝이에요. 숲 가꾸기
의 생명은 선목인데 정말 엉망입니다. 지금은 30년 전보다 못
해요."

가슴 높이 직경이 30센티미터 가까이 되는 리기테다소나무를
안고 있는 우송죽 씨의 눈가에 이렇게 성장해준 나무에 대한 고
마움과 협업 경영이 이어지지 못한 데 대한 안타까움이 함께 묻
어났다.

"이제는 리기테다소나무 숲을 어떻게 쓸지 준비해야 해요. 우
리 마을 재 너머에 조그만 제재소가 하나 있는데, 거기서 통나무
집 짓는 원목을 생산하고 있으니 한번 가봅시다. 남는 나무는 톱
밥을 만들어 가구 만드는 데 팔기도 해요. 암튼 저런 것만 있으
면 될 것 같은데…."

우송죽 씨를 따라 재 너머 제재소에 함께 가보니 인근 낙엽송
을 베어 낙엽송 원주목을 만들고 있었다.

"원료 공급이 힘들겠는데."

"아니 왜요?" 마 박사의 말에 내가 되물었다.

우송죽 님이 안내한 내와리 인근 제재소. 주변에서 생산된 낙엽송을
원주목으로 가공하고 있다. 이 지역 낙엽송은 공급하는 데 한계가 있어,
리기테다소나무를 이용한 가공산업 발전이 필요하다.

　"영남은 건조해서 낙엽송이 잘 안 돼. 일부 습한 곳에만 낙엽

송이 적응했는데, 낙엽송이 분포된 곳이 그리 많지 않을 거야.

여긴 대부분 리기테다소나무 조림지야. 리기테다소나무를 어떻

게 가공할지 연구해야 해."

　"리기테다는 송진이 많아서 쉽지 않을 텐데요."

　"아니, 안 되는 게 어디 있어? 방법을 찾으면 다 나오게 되어

있어. 건조만 잘하면 가공하는 데는 문제가 없을 거야. 용도를

개발하는 게 문제지. 통나무집을 지을지 다른 부가가치 있는 용

나에게
숲이 있다면 2

도를 찾을지. 이대로 놔두면 그냥 펄프재나 연료재로 헐값에 팔리게 마련이지. 정부와 대학과 산림조합이 해야 할 일이 이런 게 아니겠나."

언젠가 돌아와 우송죽 씨의 기록을 모아 민유림 협업 산림 경영 박물관을 만들겠다는 약속을 하고 내와마을과 숲에 작별인사를 했다. 또다시 국도와 임도를 지나 소호마을의 참나무 숲에 도착했다. 그곳에서 우리는 마상규 박사와 평생 친구이자 경쟁자로 일해온 김종관 박사를 만났다.

"이 친구가 나보다 한 살 어리고, 임업 시험장에도 내가 먼저 들어갔고, 직장예비군중대에서도 난 장교고 이 친구는 병장인데, 졸병이 꼭 맞먹으려고 한단 말이야."

"아니, 주민등록증에 1941년생으로 되어 있으니 주민등록증으로 얘길 해야지. 어! 주민등록증 까보자고. 하하."

마상규 박사가 1940년생, 김종관 박사가 1941년생이다. 두 사람은 국립산림과학원의 전신인 임업시험장에서 처음 만났다. 마 박사는 산림 토양을 전공했고, 김박사는 산림 경영을 전공했다. 이후 두 사람은 양산에서 한독산림경영단 구성원으로 다시 만났다. 마 박사는 2년 후 강릉으로 떠나 임업기계훈련원을 만들고 기술적인 부분을 더욱 발전시켰고, 김 박사는 양산에 남아

1989년까지 우리나라 최초의 민유림 산주 협업 경영체를 발전시켰다. 한 사람은 강원도 강릉에서, 한 사람은 울산에서 한국 산림 경영을 떠받쳐온 큰 기둥이 되었다. 한 사람은 산림 기술을, 또 한 사람은 협업 경영을 발전시켰다. 그러다 보니 관점이 달라 자주 논쟁을 하게 되었지만, 서로 다른 철학과 생각이 두 사람을 발전시켰다.

"그렇게 싸우다가도 시간이 흐르니 이제는 생각이 하나 된 것 같아."

싸우기도 했지만 서로 배려하고 존중하는 마음이 깊었던 게 아닐까 싶다. 500년 전 조선시대 퇴계 선생과 율곡 선생이 이기론으로 논쟁하면서도 함께 성리학을 발전시켰던 것처럼 말이다.

우리가 만난 곳은 울산시 울주군 소호리에 있는 참나무 숲이다. 이곳 역시 한국 산림 경영사에서 빼놓을 수 없는 장소다. 최초로 참나무 숲을 천연림 가꾸기로 육성한 곳이다.

참나무류는 자르면 맹아가 나오는 습성이 있다. 가만히 내버려두면 여러 가지가 함께 줄기를 만든다. 그 결과 숲 속의 폭군처럼 자라거나 경제적으로 가치 없는 나무가 될 가능성이 크다. 어릴 때 여러 줄기 중 가장 곧고 생장이 좋은 줄기 하나를 선정

울산 상북면 소호리에서 만난 마상규 박사와 김종관 박사. 40년 전 한독산림사업기구에서 일하면서 우의를 다졌고, 한평생을 서로 협력하며 한국 산림 경영의 주춧돌을 놓았다.

하고 나머지를 잘라주면 종자나 묘목을 심은 것처럼 곧고 튼튼하게 자란다. 적절한 간격으로 간벌하면 소호리 참나무 숲처럼 재목으로 키울 수 있다.

참나무 숲이 울창하게 자라면서 간벌한 공간에 전나무와 잣나무를 심는 실험을 했다. 원래는 참나무가 아래쪽에 가지를 만들지 않게 옹이가 없는 양질의 목재를 생산할 목적으로 심었다. 일종의 보호목이었던 셈이다. 그런데 하다 보니 조경수 시장이 좋을 때 어린 전나무를 뽑아 조경수로 팔아 산주들에게 소득으로 돌려주기도 했단다.

이후에도 지속적으로 관리하면서 새로운 실험을 모색하게 되었다. 자연스럽게 상층에는 활엽수인 참나무, 하층에는 침엽수인 전나무와 잣나무가 자리를 잡았다. 언젠가 참나무를 수확하고 나면 전나무와 잣나무가 상층의 새로운 수목이 되어 목재를 생산하면서도 숲의 생태계는 계속될 수 있는 지속 가능한 산림경영을 시도할 수 있지 않을까.

독일 전문가들은 우리는 잡목이라 부르며 쳐다보지 않았던 참나무에 유독 관심을 가졌다. 독일에서는 너도밤나무 같은 활엽수를 고품질 목재로 생산하기 때문이다.

당시 독일 전문가들의 말에 따르면, 독일에서는 200년 된 참나무 한 그루가 벤츠 한 대 값에 버금간다고 했다. 더불어 우리나라는 상대적으로 건조한 기후라 자연에 의해 스스로 갱신되는 참나무류의 경영이 매우 중요하다고 했다.

내와리나 소호리는 자연적으로 자란 참나무류와 토종 소나무인 적송의 관리가 중요하다. 또한 대단위로 조림한 리기테다소나무를 어떻게 경영할 것인가가 매우 중요하다. 문제는 산림의 소유 구조다. 국가나 지방 자치단체가 소유하고 있는 국·공유림의 면적은 28%에 지나지 않고, 나머지는 모두 개인이나 종친회나 종교단체에서 소유하고 있다.

세계 평균은 정반대로 국·공유림이 70%이고 사유림이 30%에 불과하다. 적은 면적의 산림을 많은 사람이 나누어 소유하고 있으니 개인이 소유한 평균 산림 면적은 2.2헥타르에 불과하다. 산림을 제대로 경영하려면 최소한 500헥타르는 있어야 한다.

전문 산림 경영인 한 명을 기준으로, 다른 산업으로 치면 지방에서 조그만 중소기업을 운영하는 것이라고 볼 수 있다. 나아가 이를 기계화하고 다양한 영급을 분포시켜 계획적으로 관리하고 지속 가능하게 생산하려면 2,000헥타르의 규모가 필요하다. 국유림도 한 단지가 이 정도 규모를 이루는 경우는 거의 없다고 봐도 된다. 따라서 산림 경영의 입장에서는 국유림과 사유림을 구분할 이유가 없다.

김종관 박사가 영남에서 그토록 애쓰고 노력한 이유가 여기에 있다.

김종관 박사의 협업 경영 이야기

"정말 뭘 해야 할지 몰랐어요. 굽이굽이 산길을 넘어서 이곳 내와리에 와보니 막막하기만 했습니다. 집들이 무슨 짐승 키우는 곳인 줄 알았어요. 낮은 토담집의 지저분한 뒤안을 먼저 본 터라 더 그랬을 겁니다. 산골 중의 산골이었죠." 김종관 박사가 말했다.

왜 이렇게 험준한 산골에서 협업 경영을 시작했을까? 왜 양산이었을까? 1970년대 당시 박정희 대통령은 독일과 기술 협력을 체결하면서 1차 산업을 육성해줄 것을 요구했다. 특히 1차 산업의 직업 훈련을 요청했는데, 그중에 산림 분야도 포함되었다.

전국에 14개의 경제림 단지를 구상하고 있었기에 임업 선진국이었던 독일에 도움을 요청했던 것이다. 독일의 세계임업연구소장이 와서 1차 조사를 하고 갔는데, 당시만 해도 한국의 분단 상황이 매우 걱정되었을 것이다. 그래서 전쟁이 나더라도 독일에서 파견된 전문가들과 가족들이 쉽게 피난을 갈 수 있는 부산 근처를 선택한 것이다. 부산 근처에는 14번째 경제림 단지가 있다. 그곳이 바로 영남 알프스의 핵심 지역인 양산이다.

독일의 베테랑 연구자들과 한국의 젊은 전문가들이 작심하고 진짜 경제림 단지를 만들고자 계획했으나, 갑자기 박정희 정부는 경제림을 포기하고 연료림 조성으로 정책을 바꾸었다. 영림공사 계획도 물거품이 되었고, 그 대안으로 사유림 중심의 협업 경영체를 만들게 되었다. 초기의 혼란은 이루 말할 수 없었다. 매일 싸움의 연속이었다. 당초에는 수십만 헥타르를 목표로 했지만 쪼그라들고 쪼그라들어 1976년에 소호와 내와를 중심으로 제14경제림단지가 확정되었다. 산주 중심의 협업 경영체가 만들어지고 장성익 씨가 초대 회장이 되었다.

대학만 졸업했지 산림 경영에는 백면서생인 김종관 박사와 초등학교 교육도 제대로 받지 못한 시골 농부들이 몇 년을 고생한 끝에 전국에 모범적인 협업 경영체를 만들어냈다. 정부는 1983년에 이곳 협업 경영체를 모델로 전국 각도에 협업 경영체를 하나씩 만들라고 지시했다. 상주, 양평, 진안, 장성, 평창 등 전국에 시범적인 협업 경영체가 만들어졌다. 이곳들이 지금은 하나같이 대표적인 산림 도시가 되었다.

이때 산림조합에서 반기를 들었다. 왜 산림조합이 있는데 별도로 협업 경영체를 육성하느냐는 것이었다. 양산에서 4개로 시작했던 협업 경영체는 1991년에는 전국에 280개로 늘어났다.

그러나 너무 단기간에 확대된 탓인지, 아니면 중앙 정부에서 직접 관할하던 일을 산림조합으로 넘긴 탓인지는 모르겠으나, 어느 순간 협업 경영의 핵심인 지도원들에게 월급도 주지 못하는 상황에 이르러 결국 협업 경영은 포기하고 산림조합 중심의 대리 경영체제로 전환하게 되었다. 당시에는 너무도 선진적이었던 산주와 지역사회 그리고 중앙 정부가 함께한 거버넌스 구조는 깨지고, 산주도 지역사회도 점점 숲에 관심을 갖지 않게 되었다.

"우리도 얼마든지 독일처럼 산림 부국이 될 수 있습니다. 그러나 소유 구조 때문에 한계가 있죠. 그래서 반드시 협업 경영을 해야 해요. 이 일은 중앙 정부가 해야 해요."

김 박사가 주장하자 마 박사가 맞장구를 친다.

"맞아. 그 말이 정답이야. 왜냐하면 숲은 살아 있을 때는 국민을 위해 존재하고, 죽어서는 산주에게 돌아가기 때문이야. 숲이 생명으로 살아 있을 때는 맑은 산소와 물을 공급해주고, 산사태를 막아주고 휴식처가 되잖아. 이건 모든 국민이 누리는 혜택이지. 더 나아가서는 국민들에게 일터가 되고 목재 산업 등 지역 경제에도 큰 기여를 해. 하지만 소유주는 개인 산주니까, 죽어서 목재가 되면 산주에게 토지를 빌린 대가를 주는 것이지. 그래서 숲을 가꾸는 일은 국가가 해야 해."

살아서는 국민을 위해, 죽어서는 산주를 위해. 이것이 숲과 나무의 운명인가? 아낌없이 주는 나무라고 생각하니 숲과 나무에 너무 미안하다.

"물론, 숲의 입장에서는 너무 인간 중심적일 수 있지. 하지만 숲을 가꾸는 사람이 없으면, 숲에서 소득을 얻고 숲에 의지해 살아가는 사람이 없으면 그 숲은 다른 개발로 금방 망가질 수밖에 없지. 그러니 숲 경영을 개인에게 맡기지 말고 국가가 나서야만 숲의 경제적 기능 말고도 생태적 기능을 함께 유지할 수 있어.

그런 점에서 임업은 생태 산업이라 부를 만하지. 수탈 산업이 되어서는 안 돼. 기본적으로 숲 생태계를 관리하면서 숲의 생물 다양성과 건강성을 해치지 않는 범위에서 목재와 다른 부산물을 생산하거나 서비스를 제공하는 것을 보고 지속 가능한 산림 경영 혹은 보속 경영이라 부르는 것이고. 20세기와는 다르게 21세기에는 그런 식으로 숲을 경영해야 할 거야."

산림 정책을 결정하는 사람들이 현장에 와서 스스로 질문하고 그 해답을 찾아야 할 때다. 지금은 우리 산에 뭘 심을지 고민할 단계가 아니다. 현재 있는 숲을 어떻게 발전시킬지 고민하고, 지속 가능한 생산 구조를 이어가다가 지금 자라는 숲의 미래가 불투명할 때 새로운 수종을 도입하는 문제를 고민해야 한다. 아직도 대부분의 사람들은 저 나무를 싹 베어내고 뭘 심을까, 뭘 개발할까만 얘기한다. 다시 나무를 심어서 이 정도의 숲을 만들려면 최소한 30~40년이 필요하다.

이제 우리 산을 보고 쓸데없는 나무들만 가득하다고 헐뜯지 말자. 모든 나무는 크게만 키우면 쓸모가 있고, 우리의 기술 수준이면 어떤 나무든 가공하는 데 문제가 없다. 답은 현장에 있지, 책상에 있지 않다.

최초의 산림 기능인 교육장

울산의 소호와 내와가 우리나라 최초의 사유림 협업 경영지라면, 강릉 연곡은 최초의 산림 기능인 교육장이다.

우리나라 산림 경영과 산림 기능인의 산실 임업기계훈련원을 찾았다. 평창에서 손득종 전前 원장[47]의 집에 들러 진고개를 넘어 6번 국도를 타고 연곡면으로 넘어갔다. 연곡면은 우리나라에서 가장 긴 골짜기다. 병자호란 때 이 깊은 골짜기에 엄청난 비가 내려 지금은 집터인 곳이 과거에는 물길이었고 하천은 과거 집터였다고 한다. 최근에도 마을 사람들이 집을 리모델링하니 골재가 엄청나게 나와 횡재했다고 한다.

계곡을 따라 하류에 다다르면 꽤 넓은 들이 나온다. 논 한가운데 양묘장을 지나면 대부분 2, 3층짜리인 낮은 건물이 몇 동 보이는데 1980년대에 지어진 특색 없는 오래된 관공서 냄새가 물씬 풍긴다. 이런 곳에서 어떻게 한국 최고의 임업기술자들이 나올 수 있었을까? 임업기계훈련원이 왜 숲 속이 아니라 이런 허허벌판에 세워졌을까? 실습하는 숲까지 가려면 차로 30~40분은 족히 걸리는데, 왜 연곡천 근처에 훈련원을 세웠을까?

"당시 독일 사람들이 훈련원 장소를 찾으려고 전국을 돌아다

---

47 임업기계훈련원 제8대 원장

강릉시 연곡면 임업기계훈련원 연습림의 잘 가꿔진 소나무 숲.
척박했던 땅에·나무를 심고 숲을 가꾸며 산림 기능인들을 교육시킨다.

넣어. 최종 입지로 강릉을 정하기에 왜 그러냐 했더니, 훈련 센터가 휴양지 근처에 있으면 교육 훈련생들이 휴가도 보내면서 즐겁게 교육받을 수 있을 거라 하더군. 우리랑 참 사고가 다른 사람들이야. 훈련원을 산 속에 짓지 않는 이유도 직원들이 도시에서 쉽게 올 수 있게 해줘야 좋은 인력을 뽑을 수 있고 직원들의 삶도 돌볼 수 있기 때문이라고 했지.”

그래서 훈련원은 연곡 국유림 양묘장 토지 일부를 개발해 조성되었다. 그곳에서 우리는 마상규 박사의 수제자들인 함영철 기능장, 조항만 전前 교관, 손득종 전 원장, 그리고 마 박사가 은퇴하기 전 마지막 제자로 받아들인 정의돈 교관을 만났다. 마 박사는 예나 지금이나 연필로 원고를 써서 이 일을 계속 고민할 만한 사람들에게 전해주곤 하는데 이 모임의 막내인 정의돈 교관이 아직도 마 박사의 숙제를 받고 있다.

아침 일찍 연곡식당에서 밥을 먹기로 하고 훈련원을 나서는데 뒤에서 누군가 ‘오빠’ 하고 부르는 소리가 들렸다. 70대의 나이 지긋한 여성이다. 훈련원 초창기부터 일했던 분이다. 연곡식당 주인, 코너의 작은 슈퍼 주인. 이들이 있기에 20년이 넘는 세월 동안 가족과 떨어져 지낸 연곡은 마 박사에게는 또 하나의 고향이었나 보다.

다음날 일찍 연곡 읍내에서 아침을 먹고 지프차를 타고 훈련원 실습림으로 향했다. 한참을 가니 임도 입구가 나왔다. 1984년 우리나라 최초로 과학적인 설계와 선진 기술을 도입해 만든 임도 중 하나다. 교육 훈련생들의 출퇴근길이기도 하고, 산불 방지를 위한 방화선 역할도 고려해서 설계된 임도다. 지금도 잘 관리되고 있어 한눈에 봐도 수준급이다. 안타까운 것은 이 실습림 정상에 풍력 발전이 계획되어 있어서, 허가가 나면 이 임도를 세 배 넓힌다고 한다. 그러면 이 멋진 경관을 선사하는 숲길의 정취도 사라질 것이다.

훈련원 실습림이 한때는 2,000헥타르까지 확대되었지만 지금은 900헥타르로 축소 운영되고 있다. 강릉 영림서가 양양으로 분리되면서 양양 영림서에서 경영권을 회수했기 때문이다. 처음 임도를 내고 작업할 때만 해도 기계톱을 쓸 필요가 없을 만큼 작은 나무들이 자라던 곳에 지금은 흉고직경 30센티미터 전후인 소나무와 굴참나무가 자라고 있다.

"이곳에 왜 굴참나무가 잘 자라는지 알아?"

"왜요? 잘 모르겠는데요."

"산불 때문이지. 굴참나무가 수피가 두꺼워서 다른 참나무류에 비해 산불에 잘 견디기 때문에 강릉에는 굴참나무가 많이 자

강릉시 연곡면 임업기계훈련원 실습림에 조성된 임도. 국내 최초로 스위스 산악형 임도 기술을 도입해 만든 곳이다. 왼쪽에 가래나무 조림지가 있다.

라. 저기 나무 사이로 길게 빈 공간이 보이지? 바로 이곳이 함영철 기능장이 훈련생들과 함께 가선집재기를 설치해서 목재를 수집하던 곳이야."

"맞습니다. 처음 함200을 만들어 실연한 현장이 이곳이네요."

많은 제자가 있지만 마 박사에게 함영철 기능장은 매우 특별한 사람이다. 함영철 기능장에게 보내는 말 한마디 한마디에 애정이 묻어났다. 물론 다른 제자들에게도 마찬가지지만, 함영철 기능장에게는 특별한 무언가가 있다.

함영철 기능장은 이상돈 전 교관과 함께 산림 사업을 시작했다. 1984년 독일 기술자들에게 도제식으로 기술을 전수받았다. 교육을 받은 후에는 직접 현장에서 독일인들에게 작업 과정을 설명해야 했고, 조금이라도 틀리면 불호령이 떨어졌다고 한다. 독일에서 사용하는 듀얼시스템으로 6일 작업하고 1일 학습하는 방식이었다. 교육 과정에서 독일 기술자 베닝의 눈에 띄어 조교로 뽑히기도 했다.

1985년에 공정 조사 업무를 담당하면서 직접 기술을 전수받았고, 1985년 말에 임업 기계가 도입되자 기계를 배웠다. 이때부터 함영철 기능장의 잠재력이 드러난 모양이다. 얼마 배우지도 않은 상태에서 1986년에 삼척에 홍보차 사업을 나갔고, 1987년에는 평창 미탄과 봉평 지역 산림 작업에 투입되었다. 당시 아직 우리나라에서는 희귀한 콜라300, 모노케이블 같은 목재 수집 장비를 사용했다.

"그때를 회상해보면 정말 진지하게 기술을 전수하기 위한 훈련이었어요. 지금은 그냥 교육을 위한 교육으로 추락한 게 너무 아쉽습니다.

처음에 기계를 배운 계기는 사유림 현장 애로 용역[48]을 3년간 진행하면서였습니다. 간벌해서 생산과 판매까지 해볼 수 있

48 농림부의 사유림 간벌 사업 프로젝트

었죠.

그 결과 1997년에 함200을 개발해 각 관리소에 보급하게 되었죠. 은퇴하기 전에 의미 있는 성과를 만들기 위해 유압식 함300도 개발했습니다. 당시 목상들과 일을 많이 했죠.

나중에는 현장은 그만두고 기계 교육에만 매진했습니다. 하지만 산림 정책이 제대로 지원되지 않은 탓에 기계 교육을 열심히 하고도 현장에서 잘 활용이 안 된 점이 안타깝습니다. 임업 기계에 숙련되려면 3년 정도 훈련을 받아야 하는데, 1년 배우고 능률이 없으니 그만두는 게 반복되었습니다. 그러다 보니 아무리 교육을 시켜도 현장은 포크레인을 이용한 산틸이 방식으로 돌아가고 있습니다. 집재용 기계를 현장에 설치하는 것이 핵심인데, 이를 배워야 합니다."

"청춘을 임업기계훈련원에 바쳤는데 후회는 없었습니까?"

"후회는 없지만, 내가 해온 기계화가 꾸준히 잘 되었으면 좋겠는데 아쉽습니다. 지금도 지방청에 가서 교육하고 있어요. 목상은 모두베기 형태로 벌채를 합니다. 목상들은 수익성을 생각하니 벌채 규모가 커서 기계화가 가능하지만, 간벌은 양이 많지 않으니 기계화가 어렵습니다. 보조금 제도를 통해서 보완해줄 필요가 있습니다.

함영철, 조항문 전 교관이 독일 전문가들과 함께 지은 독일식 통나무집.
쓰쭈바겐이라 부른다. 우리나라 휴양림의 원조 격이다.

산림청에서 쓰는 '생산 간벌'이라는 말은 적절하지 않습니다. 간벌은 생산을 위한 것이 아니라 보다 큰 숲을 가꾸기 위한 거니까요. 생산이라는 용어를 쓰니 지원할 명분이 없어 보이는 거죠. 또 한 가지 안타까운 점은, 최근 영림단 수가 줄어들고 있다는 거예요. 잘 훈련된 국유림 영림단은 사업자등록증만 가지고 있는데, 민간의 산림 법인과 경쟁하기는 어려울 겁니다. 아직까지는 국유림 관리소에서 끌어안고 있으나 언제까지 그럴 수도 없을 거고, 걱정이 태산입니다.

힘들 때도 많았어요. 숲에서 일하면 공기 좋고 새소리 좋지만, 사흘만 지나면 지겹고 힘들어요. 차도 없고 물도 없고, 너무 힘들어서 도중에 그만두려 했는데 마 박사님께서 말렸죠. 심지어 집에서 과일 가게를 했는데 만약 네가 집에 돌아가면 이 집은 과일에 농약을 많이 쳐서 못 먹는다 하겠다고 협박까지 하셨습니다. 너무 힘들어서 울면 박사님께서 나도 젊을 때 라면만 먹고 공부했다면서 같이 울기도 했죠."

지금은 백발이 된 함영철 기능장. 기술과 기술자를 존중하지 않는 한국 사회에서 그는 산림 분야의 독보적인 기술자였지만, 정부는 이 기술자에게 많은 아쉬움을 남겼다. 탁월한 기계를 개발했지만 그에게는 아무런 혜택도 없었고, 그가 배출한 수많은 기술자들도 현장에서 능력을 발휘하지 못했다.

임도를 따라 더 오르니 갑자기 벌채 지역이 나타났다. 한눈에 봐도 너무 수준이 낮았다. 숲은 사라지고 붉은 흙과 돌이 드러나 있었다. 무슨 일이 있었던 걸까? 오랫동안 가꾸고 키워온 훈련원의 실습림인데. 알고 보니 국유림 관리소에서 벌채한 곳이었다. 30년 전 임도를 만들고 기계화 시스템을 만들어 숲과 토지의 훼손을 최소화할 수 있는 기술을 개발했지만, 다시 30년 전 방식으로 돌아가 벌채를 하고 있었다.

만감이 교차했다. 결국 경영자의 문제일까? 아무리 좋은 기술을 가지고 있어도, 숲을 경영하는 사람이 이를 이해하지 못하면 그저 연말에 보고할 실적에 불과하지 않을까?

초연하게 서 있는 마 박사의 눈에서 피눈물이 쏟아질 것만 같았다. 한두 번 겪는 일도 아닐 테지. 늙은 선생과 이미 백발이 된 기술자들이 평생을 쏟아부은 숲이 처참하게 망가진 모습을 보고 어찌 눈물을 흘리지 않을 수 있을까? 이미 여기저기서 이런 현상이 벌어지고 있다. 연간 벌채와 조림 목표가 정해진 공무원들이 30년 산림 경영의 역사를 이해하지 못한 채 그 기록을 지우고 있다.

정상을 향해 가는 지프차 안에서 내내 얼굴이 굳어 있었다. 벌

임업기계훈련원 실습림 중 일부는 국유림관리소로 경영권이 이관되었다.
30년 간의 경영시스템이 지속되지 못하고 모두베기 방식의 벌채 후 조림이
이루어지고 있다.

채 지역을 지나니 큰 소나무와 어린 소나무가 어우러진 천연 갱신지가 나왔다. 산 정상에 다다랐음에도 소나무들은 너무도 건강하고 곧게 뻗어 있었다. 적당한 간벌을 통해 태어난 아기 소나무들이 씩씩하게 자라고 있었다. 방금 전 지나온 파괴된 숲의 아픔이 아무는 듯했다. 천연 갱신된 소나무 숲, 계곡의 훼손지 복원을 위해 조성한 가래나무 숲, 산불을 딛고 일어선 굴참나무 숲을 지나 지프차가 멈췄다.

그곳에는 우리나라에서 좀처럼 보기 힘든 독특한 통나무집이 자리하고 있었다. 독일 기술자들과 함께 지은 통나무집은 북유럽 스타일을 고스란히 간직하고 있었다. 집의 형태뿐만 아니라 독일인이 직접 요청해서 철공소에서 만들어온 경첩이 가히 예술이다. 이 집은 산림 노동자들의 숙식을 위해 만든 곳으로 독일식 이름은 쓰쭈바겐이다. 이 통나무집이 나중에 우리나라 휴양림의 시초가 되었다고 한다. 의사소통이 서툴고 문화도 달라 이 통나무집을 지을 때 웃지 못할 얘기가 많았다고 한다.

"독일인 친구 베닝과 함께 이 통나무집을 지었는데, 되도록 모든 재료는 이 숲에서 나온 것으로 했어요. 이 산에는 원래 낙엽송 조림지가 많아서 낙엽송을 간벌해서 만든 통나무를 서까래로 썼죠.

제가 낙엽송은 껍질을 벗기고 사용하자고 했는데 이 친구가 말을 안 듣고 그냥 쓰자는 거예요. 소통도 잘 안 되는 데다 하도 고집을 부리니 저도 화가 났지만, 꾹 참고 그냥 원하는 대로 했어요.

그런데 막상 낙엽송을 껍질째 통으로 올려놓으니 보기가 싫은 거예요. 저보고 올라가서 낙엽송 껍질을 벗기라고 하기에, 나는 높은 데 올라가면 무서워서 꼼짝도 못 하니 독일인이 시범을 보여달라고 했죠. 그래서 이 친구가 낙엽송 통나무에 사타구니를 끼고 앉아 껍질을 벗기기 시작했는데, 여기저기 옮겨 다니다 보니 그만 허벅지 안쪽에 가시가 엄청 박힌 거예요. 낙엽송을 만져본 사람은 알겠지만 낙엽송 목재가 일어서 생긴 가시는 육안으로 구분이 어려울 만큼 가늘고 엄청 따끔거리고 아프거든요. 그래서 베닝의 아내에게 청테이프를 사서 붙였다가 떼면 다 없어질 거라고 가르쳐줬죠.

다음날 베닝이 와서 저를 죽이려고 달려드는 거예요. 당신 때문에 털이 다 뽑혔다고. 하하하. 속이 다 시원했습니다. 며칠 후 베닝의 아내가 고맙다면서 밥을 대접하겠다고 해서, 점심을 아주 잘 얻어먹었습니다.

이런 일도 있었어요. 통나무집이다 보니 지붕과 벽 사이가 뜨게 마련이잖아요? 그런데 이걸 어떻게 메울지 독일인들이 고민하기에 우리 전통 방식대로 흙에 볏짚을 섞어서 틈새를 깔끔하게 마무리했죠. 그랬더니 자기들도 한 수 배웠다고 하더군요. 그래도 독일인들이 참 철두철미해요. 경첩 하나도 허투루 하지 않아요. 멧돼지 같은 야생 동물이 출몰하니 튼튼하게 하려고 경첩을 대장간에 직접 주문해서 만들었어요." 조항만 전 교관의 말이다.

독일인의 고집스럽고 철저한 훈련 방식에 우리 측 교관들이 매우 힘들어했지만, 이들과의 교류 덕분에 오늘날 임업기계훈련원이 존재한다고 생각한다.

이 외에도 이 통나무집에는 함영철 기능장이 작업하는 동안 머무르다가 야생 동물을 만난 일, 조교관이 서울대 학생들을 데리고 왔다가 1박 2일 동안 꼼짝 못한 일 등 연곡 실습림의 진한 추억이 남아 있다.

이 실습림은 숲을 가꾸고, 생산하고, 이용하는 전 과정을 배울 수 있는 곳이라 매우 특별한 실험들을 해왔다.

1985년에는 수렵장을 운영하라는 제안을 받았다. 산양을 보호하는 아이디어도 있었지만, 멧돼지와 고라니를 중심으로 운영했다. 당초 의도는 단순한 수렵장 프로젝트가 아니었다.

독일 전문가들이 관찰한 결과 겨울에 야생 동물 개체수가 줄어드는 특별한 현상을 발견하게 되었고, 그 이유가 뭔지 울타리

임업기계훈련원 실습림에는 곳곳에 30년 흔적이 남아 있다. 오래된 소나무에
가선집재를 위해 와이어를 묶었던 흔적이 소나무 껍질에 기억되어 있다.

를 치고 원인을 파악해보자는 취지로 진행되었다. 실제 독일에서 산림 경영자에게 야생 동물 관리는 매우 중요한 문제다.

조림지의 경우 야생 동물 피해가 많아 야생 동물의 개체수 조절은 산림 경영에 매우 중요하다. 이러한 아이디어를 국유림 관리소에 제안했으나 엉뚱하게도 허가는 수렵장으로 나왔다. 한창 휴양에 대한 국민적 관심이 높던 시절이라 경제기획원에서 450헥타르에 달하는 면적에 울타리를 칠 예산을 지원했다. 그러다 보니 지방산림청에서 욕심을 내고 직접 운영하게 되었다.

당초 훈련원은 야생 동물을 관리하자는 목적으로 하자고 제안했지만, 관리소에서는 수렵장으로 운영한 것이다.

그러나 사냥꾼을 모아서 얘기해보니, 이 정도 면적이면 반나절이면 다 잡을 수 있다고 했다. 수렵장이 작동될 리 없었다. 결국 작년부터 모든 문을 개방해 야생 동물이 자유롭게 오가게 했다. 야생 동물 업무는 산림청에서 환경부로 넘어가서 산림청에서도 포기하고 관심을 보이지 않고 있다. 그러나 앞서 얘기한 것처럼 야생 동물 관리는 조림지를 포함해 산림 경영에 매우 중요한 요소로써 임업 분야에서 체계적으로 관리할 필요가 있다. 물론 생물 다양성 보전이라는 목표와 임업 생산의 목표가 조화롭게 추진되어야 할 것이다. 야생 동물 관리를 목표로 시작된 일이

임업기계훈련원 실습림에는 지금도 당시에 조성했던 수렵장 울타리가
남아 있다. 최근에는 문을 개방해 야생 동물이 자유롭게 출입하게 두었다.

수렵장이라는 엉뚱한 방향으로 발전해, 수렵 망루까지 만들어
엽사들을 초청했지만 결국 엽사들은 안 오고 포기하고 말았다.
아무리 좋은 기술과 방법이 있어도 경영자의 태도나 생각에 따
라 무용지물이 되고 만다.

  20여 년간 임업기계훈련원을 이끌어온 마 박사의 리더십을
한마디로 설명하기는 어렵지만, 그는 항상 현장을 기반으로 현
장 일꾼들과 함께했으며 늘 새로운 일을 찾아 도전했다.

  "마 박사는 10년 앞을 내다보고 일을 추진하다 보니, 우리는
이해도 못하고 쫓아갔던 적이 많았습니다. 그분 일하는 스타일

이 비슷한 주제만 던져주고 직원들이 알아서 일을 찾아야 하는 식이라 어려움이 많았죠. 하지만 덕분에 많이 배웠습니다."

훈련원 초창기 멤버였던 조항만 전교관의 이야기다. 조교관은 1980년 건축 공사를 시작할 때 들어왔다. 스물여섯에 기계 정비로 시작해 정확히 30년을 근무하고 은퇴했다.

그는 선박 기관사 출신이다. 인천 대우중공업에서 3년 근무하고 병역을 마치고 다시 돌아가려고 했으나, 임업기계훈련원 건축 공사 소식을 듣고 노는 기간에 용돈이나 벌 요량으로 공사 인부로 시작했다가 양산에서 올라온 훈련원 운영팀의 꼬임에 눌러앉았다.

"마 박사님은 원장이라는 제일 높은 위치에 있으면서도 지휘 계통을 밟지 않고 개개인의 특징과 역량에 따라 일을 지시했죠. 그때는 맘대로 원장실에 가서 얘기도 했는데, 지금은 관료화되어서 어렵습니다. 박사님은 늘 현장 교관과 함께 공부하면서 개선하고 발전시켜나가셨어요.

낚시를 좋아하셔서 근처 강가나 바닷가에 자주 낚시를 다니셨는데 지금 생각해보면 뭔가 생각하러 낚시를 가신 게 아닌가 싶어요. 저는 낚시도 좋아하지 않는데 불려다녔죠. 낚싯대는 폼으로 던져놓고 소주 마시면서 일 얘기하다 왔습니다. 어쩌다 박사님 관사에 가면 징검다리처럼 사람 발 디딜 수 있는 곳만 두고

다 책으로 덮여 있었고요. 누군가 정리해버리면 박사님도 책을 찾을 수 없었죠. 그렇게 지저분하게 널려 있어도 본인이 원하는 정보가 어디 있는지 다 아셨던 것 같아요."

마 박사의 리더십은 낚시하는 강태공이었을까? 결코 서두르지 않고, 좋은 생각이 떠오르면 그 아이디어를 실행할 만한 사람을 염두에 두고 계속 소통하면서 스스로 깨우치기를 기다렸던 것 같다. 달빛 아래 드리운 낚싯대에 고기가 물리기를 기다리듯이.

그 낚싯대에 물린 고기 중 한 명이 최선덕 교관이다. 지금은 산림조합중앙회에서 일하는데, 그도 마 박사가 던져놓은 낚싯대를 물고 자신의 청춘을 숲에 던졌다. 1991년 ROTC 27기로 제대하고 모교에 갔다가 정문에서 기다리는 마 박사를 만나 이틀 만에 강릉 연곡의 임업기계훈련원으로 출근하게 되었다.

당시에는 대학만 졸업하면 얼마든지 취업이 가능한 시기였고, 강원도 태백에서 자식들 뒷바라지하느라 탄광에서 힘들게 일하던 아버지를 생각하면 더 번듯한 직장에 가고 싶기도 했지만, 운명은 그를 강원도 숲으로 돌려보냈다.

"아마도 마 박사님께서 ROTC 1기 출신이라 학교 후배이자 ROTC 출신을 뽑아 후계자로 삼고 싶으셨던 게 아닌가 싶어요.

하지만 저는 적절한 사람이 아니었던 것 같아요. 사실 대학 때 그렇게 열심히 공부하지 않았거든요. 저는 우리 소나무인 적송과 리기테다소나무도 구분을 잘 못했어요. 당시만 하더라도 훈련원에서 목욕을 할 수 없었어요. 따뜻한 물이 나오지 않았죠. 그래서 매일 아침이면 강릉 시내에 있는 목욕탕에 가는 버릇이 있었어요. 박사님과 동행할 때도 많았죠.

한번은 강릉 시내에서 훈련원으로 지프차를 몰고 가던 중에 잠깐 세워보라 하시더니, 저기 있는 적송 소나무 잎을 따오라고 하셨어요. 저는 리기테다소나무 잎을 따 갔죠. 박사님은 늘 질문을 하셨어요. 대관령을 넘어갈 때면 저 멀리 보이는 능선에 소나무가 남아 있고, 나머지는 활엽수가 남아 있는 이유를 묻곤 하셨어요. 그런 질문을 통해 소나무류와 참나무류의 생태적 특성을 깨닫게 하셨죠. 그리고 임학은 곧 사회학이라고 항상 말씀하셨어요. 숲을 보는 눈을 가져야 한다고 강조하시면서 숲에서는 인간 세상에서 일어나는 모든 일이 똑같이 벌어진다고 하셨죠. 나중에 대학원에 가서 숲동태학^{Forest Dynamics}을 공부했는데 박사님의 말씀이 생각났어요. 숲의 경쟁관계가 곧 인간사회처럼 서로 경쟁하기도 하고 어울려 살기도 하는 모습 같은 거죠." 최선덕 전 교관의 말이다.

숲을 이루는 나무와 풀은 움직이지 못하지만 정말 역동적이다. 가지와 잎은 더 많은 햇빛을 받기 위해 경쟁하고, 뿌리는 더 많은 수분과 양분을 얻으려고 치열하게 경쟁한다. 숲 속 식물들은 연한 잎과 뿌리를 먹는 초식동물들로부터 자신을 보호할 전략을 세우기도 하고, 곤충이나 바이러스의 침입을 막을 전략을 짜기도 한다. 필요에 따라 다른 생물과 협력하기도 하고, 종 보존을 위해 산불에 강한 수피를 갖는 전략을 짜기도 한다. 조림지에서는 경쟁에서 진 어린나무들을 정리해주고, 청년기를 지난 숲에서는 오히려 경쟁자가 되는 나무를 솎아주는 것이 숲을 더 건강하고 경제적으로 더 가치 있게 가꾸는 길이다.

숲은 이처럼 그 자체로 독특한 사회상을 가지고 있다. 이런 숲의 사회상을 이해하고, 숲에 의존해 살아가는 지역사회와 숲을 이용하는 시민들의 이용 행태와 사회적 가치를 이해할 때 좋은 숲으로 가꾸어갈 수 있을 것이다.

숲 사회와 비교해보면 그는 어떤 나무였을까? 나는 또 어떤 나무일까? 다른 나무들에게 성장할 기회도 주지 않고 혼자서만 잘난 폭목暴木일까? 아니면 한 그룹의 나무들 사이에서 숲을 이끌어가는 미래목일까? 아니면 평범하게 어울려 살아가는 보통 나무일까?

인간 사회와 마찬가지로 숲 사회 역시 다양한 종이 모여 사는 곳이다. 큰 나무라고 해서 혼자 살아갈 수 없고, 작은 나무라고 해서 성장할 기회가 전혀 없는 것은 아니다. 영원한 것은 없다. 큰 나무도 때가 되면 쓰러지고, 그 자리에서 햇볕을 받으려고 기다리던 작은 나무들과 종자들이 크면서 큰 나무에 대한 기억을 숲에서 지워나간다. 하지만 먼저 스러져간 나무들은 새로 자라난 나무의 줄기와 가지의 양분이 되어 자신의 흔적을 새긴다. 우리나라 1세대 산림 경영을 이끌어온 마 박사도, 그 뒤를 좇아온 제자들도, 나도 그렇게 차곡차곡 살아갈 것이다.

우리는 어떤 나무일까? 푸른 하늘을 배경으로 비춰진 나무들의 모습에서
각자의 독특한 삶을 읽을 수 있다.

도시에서 젊은 시절을 보내고 은퇴 후 고향으로 내려왔다. 할아버지가 아버지에게, 아버지가 나에게 물려준 3헥타르의 산을 둘러보니 뭔가 해볼 수 있겠다는 생각이 들었다. 강릉에 있는 임업기계훈련원에 가서 3개월간 산림경영자 과정 듣고, 숲에 관한 책도 여러 권 읽어보며 천천히 준비했다.

무엇보다 숲과 친해지는 것이 중요했다. 숲에 갈 때면 늘 손톱과 무육낫을 허리에 차고, 3헥타르의 숲 여기저기를 다니면서 쓰러진 나무를 정리하고 가지치기를 했다. 작은 주머니를 가지고 다니면서 봄에는 산나물을, 여름에는 꽃을, 가을에는 열매와 야생 버섯을 채집했다. 숲을 걷고, 계곡물을 마시고, 산나물과 버섯을 채취해 만든 점심식사를 하는 것만으로도 도시에서 찌든 몸이 청량하게 되살아나는 것 같았다. 2~3년 지나니 똥배도 사라지고 몸에는 꼭 필요한 것들만 남았다.

숲 경영 계획을 세워보기로 했다. 우리 숲은 크게 세 부분으로 나뉘었다. 조림한 지 딱 40년 된 낙엽송이 1헥타르 정도 있고, 위쪽으로는 참나무류가 자라고 있었다. 참나무 숲도 낙엽송과 비슷한 나이 같았다. 조림 때부터 아마 자연적으로 복원된 숲일 테니 말이다. 계곡부에는 넝쿨이 많긴 했지만 산벚나무, 층층나무, 단풍나무가 잘 자라고 있었다.

40년 된 낙엽송을 둘러보니 곧게 자란 나무가 500그루는 되었다. 이 500그루가 30년 뒤에 직경 40~50cm인 큰 나무가 될 거라고 생각하니 가슴이 뛰었다. 제일 먼저 굽고 가냘픈 낙엽송을 기계톱으로 제거했다. 기계톱은 정말 간단한 기계이지만 조심해야 한다. 임업기계훈련원에서 일주일간 기초 교육을 받고 반복하다 보니 어느 정도 숙달이 되지만, 그래도 기계톱을 사용할 때는 항상 온 신경을 집중해야 다치지 않는다. 솎아벤 나무들은 가시가 많아 힘들었지만 모두 산 밑으로 끌고 와 장작으로 쓰거나, 잘 말려서 작은 집을 짓는 데 기둥재로 활용했다. 세어보니 1헥타르에 대충 1,200그루가 있었는데, 이중 300그루를 솎아주고 900그루가 남았다. 10년 후 다시 200그루를 솎아내고, 20년 후에 다시 200그루를 솎아낼 것이다. 가슴이 뿌듯하다. 벌써 임업인이 된 것 같다.

　부모님이 물려주신 시골집에서 몇 년간 살았다. 화목 보일러를 쓰다 보니 땔감이 너무 많이 들었다. 나는 산에서 직접 화목용 땔감을 수확해서 부담이 적지만, 이웃집에서는 1년에 100만 원어치 참나무를 사서 겨우내 기계톱으로 자르고 도끼로 장작을 만들어 난방을 한다.

　20평 남짓한 시골집을 두고 10평짜리 작은 집을 짓기로 했다. 적정 기술을 적용해서 바닥에 이중 코일을 깔았다. 아래쪽에 자갈을 깔고 태양광 진공 난방 시스템으로 데운 물로 1차 난방을 하고, 화목난로 겸용 보일러로 2차 난방을 했다. 평당 300만 원이 들었다. 돈이 제법 들긴 했지만 땔감 사용량이 1/3로 줄었다. 둘이서 생활하기에는 안성맞춤이다. 매년 60만 원씩 난방비를 절감할 수 있고 여름철에도 시원하니 대만족이다.

　은퇴하기 전부터 늘 해보고 싶었던 목공도 시작했다. 집을 지으면서 간단한 목공 도구를 구입해 연습하다 보니 목재 탁자와 의자도 만들 수 있는 실력이 되었다. 욕심을 내어 이번에는 목공을 할 수 있는 10평짜리 창고를 직접 지어보기로 했다. 허술한 공간이지만 내게 필요한 목재를 건조하고 간단한 작업 공구를 사용하는 데는 무리가 없다.

숲으로 나간 지 4년차. 숲의 규모를 좀 더 키워보기로 마음먹었다. 산을 사는 데는 비용이 너무 많이 든다. 산림은행[49]을 통해 토지는 다른 산주가 소유하고 있지만, 지상에 있는 입목의 30년 경영권을 1헥타르당 100만 원으로 임차했다. 산주가 현재의 숲을 벌채하지 않는 대신 입목가^{立木價}를 보상하는 제도다. 30년 후에 70년생 숲이 되면 수익을 7:3으로 나누기로 했다. 부모님께 물려받은 숲 3헥타르에 30년 임대한 숲 17헥타르를 더해서 총 20헥타르의 숲을 경영할 수 있게 되었다. 이제는 좀 더 체계적으로 산림 경영을 할 수 있을 것 같다.

가장 큰 걸림돌은 '길'이다. 물려받은 산은 집에서도 걸어갈 수 있지만, 임대한 산은 접근성이 매우 나빴다. 산에 임도를 만드는 일은 개인이 할 수 있는 일이 아니다. 다른 산주들에게 협업 경영을 제안했다. 20여 명의 산주가 모였다. 문제는 이 지역에 살지 않아 연락이 되지 않는 부재 산주 열한 명이다. 6개월간 수소문한 끝에 겨우 연락이 닿았고 모두 동의를 받았다. 네 명은 서울에, 나머지 일곱 명은 해외에 살고 있었다. 어떤 산주는 본인이 산을 가지고 있는지도 몰랐다. 어릴 때 부모님에게 물려받

---

49 저자가 상상한 가상 제도. 현재 우리나라에 비슷한 사례로 농지은행 제도가 있다.

고 관심 없이 지내다 보니 까맣게 잊고 있었던 것이다.

가장 큰 수확은 이들 중 절반 정도가 산림 경영에 적극적으로 관심을 보인 것이다. 서른한 명의 산주들이 생각을 모으고, 산림 기술사 사무소의 도움을 받아 협업 경영 계획서를 만들어 산림청에 제출했다. 승인을 받는 데 1년이 걸렸다.

기다리는 동안 간벌된 나무를 산지 훼손 없이 수집할 수 있는 가선집재 기술을 배웠다. 일반 산지에서는 포클레인이 산을 마구잡이로 헤집고 다니면서 토양과 생태계를 못 쓰게 만든다. 가선집재란 임도 근처에서 큰 나무에 와이어로프를 걸고 임도 위 아래의 숲에 100~200m 길이로 와이어로프를 늘어뜨려 그 선에 벌목한 나무를 운반하는 방식이다.

양쪽을 와이어로프를 묶은 나무들에 상처가 좀 생기고, 와이어로프의 선에 방해되는 나무들만 제거하면 좌우 50m 이내에 있는 나무들을 수집할 수 있다. 한번 설치하면 0.5~1헥타르 이내의 숲에서 발생한 간벌목을 수확할 수 있다. 이제는 간벌을 해서 나무를 산에 버리고 올 이유가 없어졌다. 간벌 비용은 정부에서 지원해주니, 간벌목은 내가 어떻게 활용하는가에 따라 부가 수입이 되기도 한다. 물론 큰돈이 되지는 않지만 말이다.

임대한 숲의 나무는 성장 상태가 좋지 않았다. 제대로 자란 나무가 거의 없었다. 그래서 마을과 임도에서 가까운 2헥타르 정도의 나무를 베어내고 호두나무를 심었다. 최근 호두나무 협동조합을 알게 되어 호두 종자를 구입해 묘목을 키워서 2,000그루의 호두나무를 심었다. 3년째부터 호두를 생산할 수 있을 것이다.

숲으로 들어온 지 5년, 25년 후를 생각해보았다. 나는 아흔 살이, 이 숲은 일흔 살이 될 것이다. 지금은 큰 나무들의 가슴 높이 직경이 25cm정도 되지만, 그때가 되면 40cm가 넘는 아름드리 숲이 될 것이다.

물론 잘 관리해야 한다. 숲은 우리에게 엄청난 경제적 이익을 주지는 않는다. 소박하지만 행복한 인생 2막을 살 수 있는 기회를 준다. 언젠가 강의 때 들었던 이야기가 생각났다. "숲은 살아서는 국민의 재산이고 죽어서는 산주의 재산이 된다."

숲은 나에게는 인생의 벗이 되고, 내가 죽으면 자녀들에게 지속 가능한 유산이 될 것이다. 그 숲의 나무들도 언젠가 생을 마감할 것이고 후손들이 숲을 채울 것이다. 그렇게 숲과 함께 살아갈 것이다.

우리나라 어디서나 쉽게 찾아볼 수 있는 낙엽송조림지. 한때는 쓸모없는
나무라 여겼지만 최근에는 목조 주택용으로 가치를 인정받고 있다.

출간 후기

마 박사의 책을 쓰자는 얘기가 나온 것은 꽤 오래전이다. 대학 강단에 섰던 분은 아니지만 출신이나 전문 분야를 떠나 우리나라 산림 현장에 가장 많은 영향을 미친 분이기도 하고, 워낙 논문 집필이나 언론 기고를 많이 하신데다 출판되지 않는 기술 교재도 많았기에 은퇴 교수들의 회고집 같은 책을 쓰자는 것이었다. 1999년 은퇴 이후부터 얘기가 나왔으니 꽤 오랫동안 말만 무성했던 셈이다.

처음에는 마 박사 당신이 본인의 책을 쓰는 것을 별로 탐탁지 않게 여겼고, 임업기계훈련원장 은퇴 이후에도 산림기술인협회와 생명의숲을 오가며 왕성하게 활동했기에 필요성을 느끼지 못했을 수도 있다. 그러나 이제 마 박사도 여든을 바라보고 있고, 우리 숲도 조림 이후 숲 가꾸기를 지나 본격적인 산림 경영에 들어서는 시기다. 이때를 놓치면 안 되겠다는 생각에 1년 전부터 구체적인 논의를 시작했다. 마 박사가 평생 일군 산림 경영 현장을 모두 돌아보지는 못했지만 가장 중요한 강릉시 연곡면과 울주군 상북면에서 진행되었던 한독산림협력사업 현장을 돌아보며 그가 남긴 발자취를 조금이라도 이해할 수 있었다. 연필이나 볼펜으로 이면지에 빼곡하게 보내오신 원고를 정리하다 보면 내가 직접 산림 경영을 해보고 싶다는 욕심에 사로잡히기도 했다.

마 박사의 원고는 최대한 내용이 바뀌지 않는 선에서 읽기 쉽게 다듬었다. 하지만 40년이 넘는 현장 경험과 철학을 책 한 권에 담다 보니 축약된 내용도 많아 산림 경영이 생소한 사람에게는 쉽게 이해되지 않는 부분도 있을 것이다.

이 책은 단순히 마상규라는 한 사람을 기억하거나 업적을 기리기 위해서 쓴 것은 아니다. 이 책에서 반복해서 이야기하듯 산림 경영은 하루아침에 이루어지는 일이 아니다. 지속 가능한 숲을 가지기 위해서는 100년의 시간이 필요하다. 우리 숲은 이제 40년이 지났을 뿐이다.

그래서 이 책은 한 사람의 평생을 기록했지만, 산림 경영이라는 측면에서는 어린 숲이 청년기까지 자라온 이야기일 뿐이다. 나머지 60년은 또 다른 사람들의 이야기로 채워질 것이다. 무주 공산과도 같은 우리 숲이, 머지않아 산주의 관심을 회복하고 지역과 국민 모두의 공유 재산으로 여겨지는 유주공산이 되었으면 좋겠다. 그 과정에 또 다른 사람들의 새로운 숲 이야기가 쓰일 것이다.

이 책이 나오기까지 노력하신 많은 분들께 감사드린다. 말을 행동으로 옮기는 데는 누구보다도 이임영 기술사와 생명의숲 유영민 처장의 역할이 컸다. 기획과 자료 수집을 도와준 생명의 숲 최승희, 김승순 님께도 감사드린다. 이 책을 만드는 데 후원을 아끼지 않으신 산림기술사들께도 감사드린다. 강래헌, 강성표, 구기운, 권상진, 김덕진, 김종호, 박삼봉, 박승관, 송금용, 송동근, 엄대섭, 연성흠, 오점곤, 유승용, 이근태, 이임영, 장인권, 정태공, 허원무, 허종춘 산림기술사들이 도움을 주었다. 김남홍, 박상준, 손득종, 정남훈, 최선덕 님과 전국산림기능인 협회도 큰 도움을 주셨다. 끝으로 어려운 프로젝트를 맡아준 도서출판 푸른숲 김수진 부사장님과 이다희 편집자에게 진심으로 감사드린다.

속리산 자락 솔멩이골에서 이강오

숲 경영 산림 경영

**지속 가능한 삶의 터전을 마련하는
산촌 자본주의의 모든 것**

첫판 1쇄 펴낸날 2017년 12월 20일
  5쇄 펴낸날 2023년 5월 25일

지은이 마상규·이강오
발행인 김혜경
편집인 김수진
편집기획 김교석 조한나 김단희 유승연 김유진 곽세라 전하연
디자인 한승연 성윤정
경영지원국 안정숙
마케팅 문창운 백윤진 박희원
회계 임옥희 양여진 김주연

펴낸곳 (주)도서출판 푸른숲
출판등록 2003년 12월 17일 제2003-000032호
주소 서울특별시 마포구 토정로 35-1 2층, 우편번호 04083
전화 02)6392-7871, 2(마케팅부), 02)6392-7873(편집부)
팩스 02)6392-7875
홈페이지 www.prunsoop.co.kr
페이스북 www.facebook.com/prunsoop   **인스타그램** @prunsoop

ⒸⒸ마상규·이강오, 2017
ISBN 979-11-5675-728-3(03300)